ZWILLINGE
das Magazin

Das Mitmach-Magazin für Zwillings- & Drillingseltern

Band 30
Januar/Februar 2018

© Marion von Gratkowski
Postfach 40 11 11
D-86890 Landsberg
Tel. 0049-(0)8344-809 95 39
info@twins.de
www.twins.de
Redaktion: Marion von Gratkowski
Titelfoto: Janna & Astrid Eder
Fotos & Texte: Privat
Herstellung & Verlag: BoD - Books on
Demand, Norderstedt
1. Auflage Januar 2018
ISBN 978-3-7460-6536-6
auch als E-Book

ZWILLINGE - DAS MAGAZIN Ausgabe Jan./Feb. 2018 Nr. 30: 7,99 Euro, auch als E-Book für 5,99 Euro. ISBN 978-3-7460-6536-6

Bestellbar auf www. twins.de oder im Buchhandel - online & Laden.

Liebe Leserin, lieber Leser,
liebe Zwillingseltern, liebe Drillingseltern,

neues Jahr, neue Ideen ... packen wir's an. Ich hoffe, Sie alle hatten schöne Weihnachtsferien und einen guten Rutsch? Jetzt können wir uns neue Ziele setzen und dafür sorgen, dass sich das neue Jahr für unsere Familien und vor allem für unsere Kinder positiv entwickelt.

Mein neues Jahr hat - wie immer - sehr ruhig angefangen. Während sich unser Nachbardorf wie immer um Mitternacht quasi abgeschossen hat, wurde bei uns Wiener Walzer auf dem Balkon getanzt und ein Gläschen Sekt getrunken.

Constantin (von links), Nicolai, Maximilian und Marion von Gratkowski

Silvester mit Zwillingsbabys

Unser erstes Silvester mit Zwillingen war vor 33 Jahren auch eher ruhig verlaufen. Nach einem Ausflug zum Tegernsee mit großzügigem Einkauf von Krapfen, die dann nachmittags (von uns Erwachsenen) vertilgt wurden, schliefen unsere Babys ab 18 Uhr. Würden sie bei der Knallerei um Mitternacht aufwachen? Nein - oh Wunder, sie schliefen durch und wir konnten das glitzernde Schauspiel aus unseren Dachfenstern in trauter Zweisamkeit betrachten.

Zwei Jahre später feierten wir Silvester bei neuen Freunden im Schwarzwald. Und weil Maximilian und Constantin sich schwer taten, in der fremden Umgebung einzuschlafen, legte ich mich zu ihnen ... und schlief ebenfalls ein. Ein sehr verschlafener Jahreswechsel ... Schöne Erinnerungen! Und jetzt geht's auch hier mit voller Kraft ins Neue Jahr. Was gibt's zu lesen? Über eine relativ gut gelaufene Geburt steht etwas ab Seite 12. Eine kleine Horrorgeschichte (Fieberkrämpfe) lesen Sie ab Seite 24. Auf Seite 32 zeigen wir Euch neue Schlafmöglichkeiten für Zwillinge und Drillinge, die wir gerade bei der Überarbeitung unseres Ausstattungsratgebers gefunden haben. Wie ein neues Zwillingsbuch entsteht, steht auf Seite 34. Einen tollen Nasensauger stellen wir auf Seite 37 vor. Den werden Eltern in der Schnupfenzeit lieben lernen ... wo sich Zwillingseltern Rat holen können, präsentieren wir ab Seite 46, über Berufstätigkeit als Mama lesen Sie ab Seite 48 und natürlich fehlen auch die Urlaubsseiten nicht (ab Seite 60).

Viel Spaß beim Lesen - Ihre/Eure Marion von Gratkowski

ZWILLINGE - DAS MAGAZIN Nr. 31: Was ist darin geplant?

Zu folgenden Bereichen/Themen suchen wir noch Beiträge:

- Schwangerschaft & Geburt
- Kaiserschnitt
- Stillen/Fläschchen füttern
- Schlaflose Nächte
- Umstellung auf feste Kost (Brei)
- Frühlingsideen - Basteln, Beschäftigung, Draußen & Drinnen
- Streit, Konkurrenz, enge Verbindung
- Kindergartenstart
- Schule - Trennung oder nicht?
- Urlaubsideen für den kommenden Sommer
- Rezepte für das Backen & Kochen mit Zwillingen

Wie Sie Ihre Beiträge schicken können, steht auf Seite 15.

Was finde ich jetzt wo, wenn es hier nicht mehr steht?

- Termine & Veranstaltungen finden Sie ab sofort auf unserer Internetseite www.twins.de
- Eine Übersicht über unser komplettes Buchprogramm finden Sie ebenfalls auf unserer Homepage unter www.twins.de
- Auch all die Hefte der bisherigen Zeitschrift, die man sich noch bestellen kann, sind unter www.twins.de zu finden.
- Neuerungen werden auch auf Facebook auf unserer Seite „zeitschrift zwillinge" oder im Blog www.zwillingemachenkriegenhaben.de bekannt gegeben.

Es lohnt sich also immer, auch einmal einen Blick auf unsere Homepage zu werfen oder einfach den newsletter auf www.twins.de zu abonnieren, da wir Sie dann immer einmal wieder mit unseren Neuerungen bekannt machen.

BEZUGSBEDINGUNGEN: ZWILLINGE - das Magazin

- ZWILLINGE - DAS MAGAZIN löst unsere bisherige Zeitschrift ZWILLINGE ab. Deren Hefte jetzt im Sonderangebot für nur 2 €!
- Erscheinungsweise: zweimonatlich.
- Erscheinungstermine sind: 29. Januar 2018, 26. März 2018, 28. Mai 2018, 30. Juli 2018, 24. September 2018 und 26. November 2018 (unter Vorbehalt) usw.
- Das Magazin kann einzeln oder im Abonnement bezogen werden.
- Einzelhefte kosten 7,99 Euro plus Porto 1,- Euro.
- Abonnements kosten 54,- € befristet auf 1 Jahr; 52,- € fortlaufend bis zur Kündigung eines Tages.
- Abonnements gelten fortlaufend und mindestens 1 Jahr = 6 Hefte.
- Die Kündigung muss schriftlich erfolgen per E-mail an info@twins.de oder per Brief (KEIN Einschreiben!!!) an

unsere Adresse:
ZWILLINGE, Postfach 40 11 11, D-86890 Landsberg am Lech.
- Unser Fax: 0049-(0)8344-809 95 40.
- Einzelhefte und Abonnements müssen vorausbezahlt werden.
- Unsere Bankverbindung: Hypovereinsbank Landsberg, Lutz von Gratkowski, IBAN: DE77 7202 0070 6110 3155 60, SWIFT-BIC: HYVEDEMM408
- Zahlung per Paypal geht in Verbindung mit unserer E-mail-Adresse. ABER: **Bitte Gebühren zu Ihren Lasten!**
- Alle Rechte für den Inhalt liegen bei Marion von Gratkowski, Verlag von Gratkowski, Postfach 40 11 11, D-86890 Landsberg.
- Unsere Internetpräsenz: www.twins.de, E-mail: info@twins.de
- Etwas unklar? Rufen Sie mich bitte an: Tel. 08344-809 95 39.

Briefe an die Redaktion

Eigentlich wollten wir die Rubrik „Leserbriefe" weglassen. Aber es wäre doch schade, wenn unsere Leserinnen und Leser keinen Beitrag mehr kommentieren dürften. Also - einigen wir uns darauf, nur zwei Seiten (statt bisher vier) zu veröffentlichen.

In ZWILLINGE - DAS MAGAZIN Ausgabe November/Dezember 2017 schüttete uns Diana R., vierfache Mutter, ihr Herz aus. Sie erlebt mit den eineiigen Zwillingen David und Moses jeden Tag eine neue Trotzphase. Katharina R. kennt die Situation.

Der Beitrag „Unsere tägliche Herausforderung - Zwillinge" hat mir direkt aus dem Herzen gesprochen. Auch bei uns geht es den lieben Tag darum, sich zu messen, sich Konkurrenz zu machen, erster zu sein, anfangen zu dürfen, zu Gehör zu kommen usw. usw. ... und das mit demselben Geschrei wie von der Autorin in ZWILLINGE Nr. 29 geschildert.

Auch meine Zwillinge sind eineiig. Aber: es sind Mädchen und man möchte nicht meinen, wie die sich streiten können. Sie stehen Jungs bestimmt in nichts nach. Und schrille Stimmen - das haben sie auch!

Warten wir's ab, wie sich das weiterentwickeln wird. Im Moment nimmt der Kindergarten ein wenig Stress aus der Situation, weil ich die beiden auch auf Anraten der Erzieherinnen in getrennte Gruppe gegeben habe.

Kann sein, dass das auch die Konkurrenz zu Hause wieder anfacht, weil sie ja im Kindergarten keine Möglichkeit mehr haben, sich gegenseitig zu messen.

Jedenfalls tröstet es mich, von anderen zu lesen, denen es genauso ergangen ist.

Zwillinge und neue Medien - wie viel Computerspielen darf sein? In ZWILLINGE Nr. 29 haben wir eine Initiative dafür vorgestellt. Bettina W. fragt dazu.

Meine Zwillinge spielen auch gern am PC und noch viel mehr mit meinem iPhone. Da frage ich schon manchmal, wieviel davon gut ist?

Auch stellt sich die Frage, ab wann Kinder ein eigenes Handy haben sollten? Fast alle Mitschüler (fünfte Klasse) haben bereits eines und meine Zwillinge (Mädchen und Junge) fragen auch schon danach.

Einerseits verstehe ich es, es ist ja auch praktisch, weil sie dann Bescheid sagen können, wenn sich einmal am Stundenlan etwas ändert. Andererseits finde ich es zu früh, weil man ja doch nicht so die Kontrolle ausüben kann.

Und die Kosten? Ich habe überlegt, ob ich beiden erst einmal eines zusammen besorge. Aber das würde nur Streit geben. Ist also auch keine gute Idee. Wie machen es andere Eltern?

Henrik und Torben dürfen den PC unter Aufsicht benutzen. Die Initiative heißt „Schau hin!"

Leon und Leonie basteln nicht nur gerne (siehe Seite 31), sie backen auch gern.

„Hallo, Frau von Gratkowski, Leon und Leonie haben jetzt Plätzchen gebacken. Das geht ganz einfach, denn für diese Plätzchen gibt es eine Fertigmischung von Dr. Oetker."

Ausstech-Plätzchen von Dr. Oetker

Die auf Mürbeteig basierenden Plätzchen bescheren auf dem weihnachtlichen Gebäckteller kunterbunten Plätzchenspaß: Mit der Grundanleitung zum Ausstechen und den vier Rezeptvarianten Kulleraugen, Schokino Plätzchen, Nougatsterne und Marmorierte Plätzchen ist für jeden Plätzchenbäcker etwas dabei. Und mit Keksen kann man auch nach Weihnachten noch was machen - siehe Seite 38.

Und weil die Zebrakostüme so schön sind, haben Leon und Leonie sie gleich zum Backen angelassen.

Wieviele Kilos sollen Zwillingsschwangere zunehmen?

Schwangerschaft ist kein Freifahrtschein für unbedachtes Essen und damit Gewichtszunahme. Auch Zwillingsschwangere müssen nicht für drei essen. Die amerikanische „National Academy of Medicine" (NAM) hat Richtlinien dafür herausgegeben, wieviel eine Zwillingsschwangere während der Schwangerschaft zunehmen soll.

Muss man in der Zwillingsschwangerschaft nicht für drei essen? Wie viel darf man in der Schwangerschaft zunehmen? Gibt es da feste Grenzen oder Richtlinien?

Auf der Internetseite „about twins", dem Blog von Journalistin Kate Philippa Clarc aus Dänemark gibt es immer wieder interessante wissenschaftliche Beiträge zu verschiedenen Themen zu lesen. Sie stellte jetzt eine Empfehlung und eine Studie zum Thema vor. Die Empfehlung wurde bereits 2009 vom NAM ausgesprochen. Die Empfehlungen für die optimale Gewichtszunahme des amerikanischen Instituts basieren auf dem Anfangsgewicht der schwangeren, werdenden Zwillingsmutter.

Die Quintessenz: Wer zu Beginn der Schwangerschaft viel gewogen hat, sollte sich mit dem Futtern während der Schwangerschaft zurück halten. Und umgekehrt: Frauen mit Normalgewicht können ruhig bis zu 25 Kilogramm zunehmen, ohne dass es bedenklich wäre. Leider enthielt die Studie keine Angaben für untergewichtige Frauen, die soll es ja auch geben ... Und natürlich muss jede für sich selbst entscheiden, wie sie sich am besten ausgewogen ernährt.

Empfehlung Gewichtszunahme in der Zwillingsschwangerschaft

Das haben Sie vor der Schwangerschaft gewogen/BMI (Body Mass Index)	Soviel sollten Sie in der Schwangerschaft zunehmen
Normalgewicht/BMI 18,5 - 24,9	17 bis 25 Kilogramm
Übergewicht/BMI 25,0 - 29,9	14 bis 23 Kilogramm
Starkes Übergewicht/BMI 30 - 42	11 bis 19 Kilogramm

GEBURTSVORBEREITUNG FÜR ZWILLINGSSCHWANGERE

IN BERLIN

INHALT

- Wahl des Geburtsortes
- Erstausstattung
- Geburtsverlauf, Geburtspositionen
- Natürliche Geburt / Kaiserschnitt / BEL
- Informationen über Klinikroutinen
- Bindung vor und nach der Geburt
- Stillvorbereitung
- Die ersten Tage mit Zwillingen / Wochenbett
- Unterstützungsmöglichkeiten
- Frühchen
- Austausch und individuelle Fragen

PRAKTISCHE ÜBUNGEN

Atem- und Entspannungsübungen
Körperarbeit, Masssagen
Gedanken-/Geburtsreise
Schulung der Körperwahrnehmung

INFORMATIONEN

Wann:
Neue Termine auf Anfrage

Wo:
Stubenrauchstrasse 5
12161 Berlin

Wieviel:
Gesetzlichversicherte: keine*
Privatversicherte: 163,20 €
Partner: 120 € **

* Der Kostenanteil für Schwangere wird durch Teilnahmebestätigung direkt mit der Krankenkasse abgerechnet.
**Der Partneranteil wird von einigen Krankenkassen erstattet.

Wer:
Jana Friedrich (Hebamme)
Inga Sarrazin (Zwillingsmutter und Stillberaterin (AFS)

Wie:
jana@hebammenblog.de
inga.sarrazin@maternita.de

Was:
Versichertenkarte
gemütliche Kleidung
Partner

Wie wirkt sich die Gewichtszunahme in der Schwangerschaft aus?

Es gibt neue Erkenntnisse darüber, wie viel Gewicht eine Zwillingsschwangere während der Schwangerschaft zunehmen sollte. Eine neue kanadische Studie stellte die Empfehlungen der NAM (siehe Seite 8) auf den Prüfstand.

Eine neue Studie aus Kanada überprüfte die Gewichtszunahme. Empfehlungen der amerikanischen Akademie NAM, die bereits 2009 erstellt worden waren. Das Problem damals: Die Empfehlungen basierten auf relativ geringen Datenmengen, waren also weniger aussagekräftig als gedacht und galten als provisorisch. Die wenigsten Frauen hielten sich an die Empfehlungen des NAM.

Zu wenig Daten, zu wenig Aussagekraft

Die kanadischen Forscher überprüften jetzt den Zusammenhang zwischen Gewichtszunahme der Schwangeren auf der einen Seite und zeitgerechte Geburt (oder nicht) und Geburtsgewicht der Babys. Sie untersuchten (rückwirkend) alle Zwillingsgeburten, die zwischen 2003 und 2014 in Novia Scotia in Kanada stattgefunden hatten. Alle Frauen zwischen 18 und 45, die in dieser Zeit nach mindestens 20 Wochen Schwangerschaft Zwillinge geboren hatten, wurden in diese Studie einbezogen.
Frauen, deren Babys weniger als 500 Gramm gewogen hatten (beide oder nur eines), deren Babys das FFTS (Fetofetales

Transfusion Syndrom) hatten oder andere Anomalien und untergewichtige Frauen wurden aus der Studie ausgeschlossen. Dies, weil auch die NAM-Werte nicht auf untergewichtige Frauen ausgerichtet waren.

Neue Untersuchung in Kanada

Insgesamt wurden 741 Frauen und 1.482 Kinder in die Studie miteinbezogen. Die Mehrzahl der Frauen hatte sich nicht an die Richtlinien der NAM gehalten, beziehungsweise weniger oder mehr während der Schwangerschaft zugenommen.
27,1 Prozent hatten weniger als den empfohlenen Wert zugenommen, 29,7 Prozent hatten mehr als das empfohlene Gewicht zugenommen und nur bei 43,2 Prozent der Schwangeren lag die Gewichtszunahme innerhalb der NAM-Richtlinien.

Welche Auswirkungen hat das auf die Babys?

Mütter, deren Babys, die als zu unreif für den eigentlichen Status der Schwangerschaft befunden wurden, hatten in 30,1 Prozent in der Schwangerschaft zu wenig zugenommen. Diese Babys hatten auch ein größeres Risiko selbst untergewichtig geboren zu werden.

In den beiden anderen Gruppen (Mütter nahmen mehr zu als sie sollten und Mütter nahmen innerhalb der NAM-Richtlinien zu) war das Risiko, ein unreifes Baby zu bekommen, nicht signifikant unterschiedlich. Bei Frauen, die am Ende der Schwangerschaft zu viel wogen, kam es allerdings eher zu Wehenschwäche. Andere Geburtsprobleme wie Frühgeburt vor der 37. Schwangerschaftswoche, Unterstützung mit der Saugglocke/Geburtszange oder starken Blutungen nach der Geburt waren in allen drei Gruppen eher gleich verteilt.

44 Prozent der untersuchten Frauen hatten ihre Zwillinge zwischen der 37. und 42. Woche entbunden und das durchschnittliche Geburtsgewicht der Zwillinge war größer als (oder gleich) 2.500 Gramm.

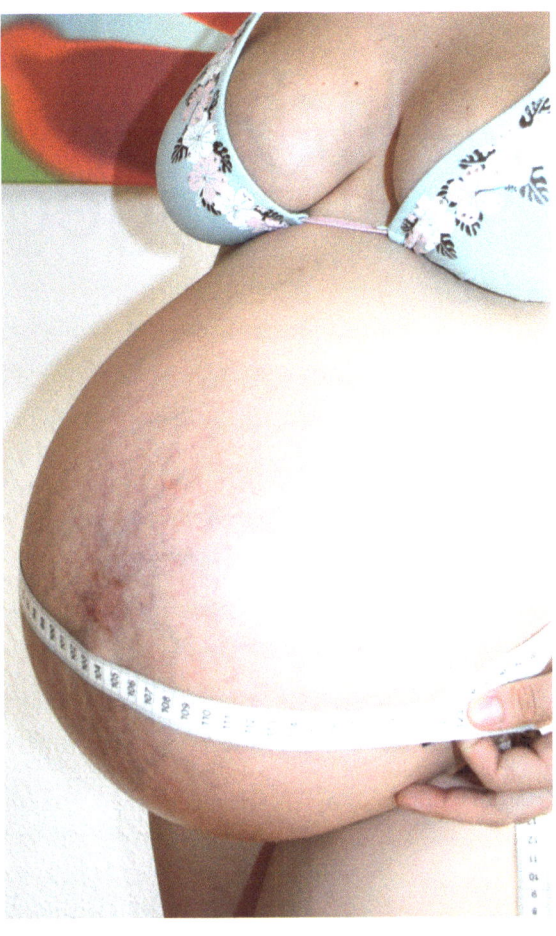

Nach einem Blogeintrag von Kate Philippa Clark auf www.about-twins.com

120 Zentimeter Bauchumfang sind keine Seltenheit.

Endlich zu Hause: zu zweit ausgeglichener

Manchmal ist der Start ins Zwillingseltern-Dasein etwas holprig. Andrea war froh, als ihre Zwillinge beide zu Hause waren. Unterstützt von Eltern und Zwillingsvater sind die ersten Wochen gemeistert.

Seit fast einem Jahr lese ich ZWILLINGE und jetzt wird es Zeit, dass ich mich auch einmal melde. Unsere Jungs, Martin und Maurice wurden nach fast siebenwöchigem Krankenhausaufenthalt (wegen vorzeitiger Öffnung des Muttermundes und leichten Wehen) in Berlin geboren.

Langes Liegen im Krankenhaus.

Sie kamen in der 37. Schwangerschaftswoche per Kaiserschnitt auf die Welt, da die Ultraschalluntersuchungen mal Querlage, mal Beckenendlage für die Kinder ergaben.

Maurice wog 2.560 Gramm und er war 47 Zentimeter „lang", sein Zwillingsbruder Martin wog 2.150 Gramm , er war 46 Zentimeter „lang". Nach dem Plazentabefund müssten es eineiige Zwillinge sein. Leider konnte ich sie in der Klinik nie nebeneinander sehen, da Martin auf der Neonatologie bleiben musste. Mit Maurice wurde ich nach zehn Tagen entlassen, Martin durften wir eine Woche später abholen. Seine Thermoregulation funktionierte erst nach zwei Wochen - mit anderen Worten, er konnte anfangs seine Körpertemperatur nicht halten.

Inzwischen zweifeln wir daran, dass es sich wirklich um eineiige Zwillinge handelt, denn nach der wirklich großen Ähnlichkeit in den ersten sechs Lebenswochen wurde Martin deutlich blond, blauäugig und hellhäutig, während sein Zwillingsbruder dunkelhaarig, dunkler im Teint ist und auch dunklere Augen hat. Ganz zu schweigen von den Unterschieden im Temperament und im Sozialverhalten.

Die Zeit im Krankenhaus war stressig, denn Maurice wollte nicht trinken, die Milch schoss nicht ein, die Betreuung nach der Geburt hat mich bestenfalls verunsichert, ganz im Gegensatz zu der guten Pflege auf der pränatalen Station. Martin konnte ich - mit einer Ausnahme - fünf Tage lang nicht sehen, da es mir nicht gut genug ging, um mich auf die Station, in der er lag, fahren zu lassen. So war er dann leider schon an die Flasche gewöhnt und nicht mehr gewillt, an der Brust zu trinken. Das habe ich dann auch während der täglichen Besuche bei Martin nicht mehr hingekriegt.

Endlich zu Hause!

Mit beiden Kindern zu Hause war ich dann überglücklich. Meine Mutter ermöglichte es mir dann auch, nachmittags mal eine Stunde zu schlafen. Sie übernahm während der ersten schweren Wochen die Wäsche und half mir auch tagsüber, in dem sie Martin die Flasche gab. Wir wohnen mit meinen Eltern zusam-

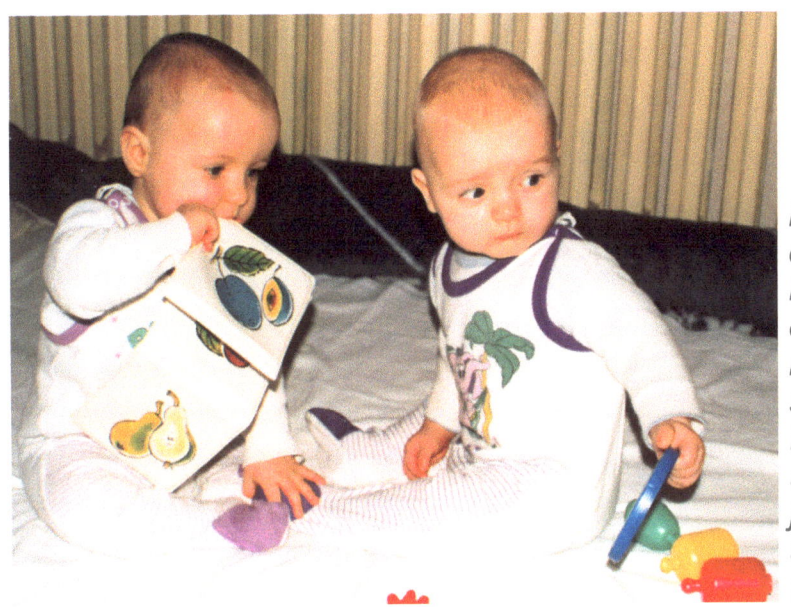

Eineiig oder nicht? Das wissen die Eltern nicht mehr, seit sich Maurice und Martin jeder ganz anders entwickeln.

men in einem Haus - ein großer Vorteil. Morgens und abends war dann aber auch der Papa hilfreich zur Stelle. Einzig die „Nachtarbeit" war mir ganz allein überlassen. Da ich etwa drei Monate nach der Entbindung praktisch alle Keime auffing, die es so gab (ich hatte Durchfall, eine Angina, Entzündungen, Husten ...) war ich sehr froh, um die Unterstützung durch meine Eltern und meinen Mann. Als es mir wieder besser ging, konnte ich alle Arbeiten wieder allein übernehmen und kam auch mit den Zwillingen gut zurecht.

Jetzt im Nachhinein rechne ich meinen Kindern auch hoch an, dass sie während der ersten Wochen auch „nur" alle vier Stunden trinken wollten. Als nach zwei Monaten endgültig Schluss war mit der Muttermilch fütterte ich eine Milch von Alete. Die Kindern schliefen daraufhin spontan sieben Stunden durch, was mich getröstet hat. Ich hätte gern länger gestillt, aber so war es dann auch gut.

Leider wurde bei der U3 dann eine Eisenmangelanämie bei Martin festgestellt, die sich auch nach zusätzlichen Gaben von Eisenpräparaten erst einmal verschlechterte. Wieder machten wir uns auf den stundenlangem Weg zur Krankenhaus. Gott sei Dank kümmerte sich die zuständige Ärztin so super um Martin und ersparte ihm und uns einen weiteren Klinikaufenthalt. Nach ein paar Wochen ging es dann auch mit dem Hb-Wert aufwärts.

Durchschlafen mit fünf Monaten.

Mit fünf Monaten schliefen die Jungs zehn Stunden in der Nacht und derzeit (sie sind aktuell acht Monate alt), können es auch schon einmal zwölf Stunden werden. Beide haben nicht nur den gewichtsmäßigen Rückstand aufgeholt, sondern den altersgerechten Durchschnitt (gemessen an ihrer Größe) bereits überschritten. Maurice ist ein kleines Bewegungsgenie, während Martin ganz groß im Sitzen ist.

Wenn ich so zurückdenke, dann war das Schlimmste der Klinikaufenthalt und die

Jeder packt mit an - die Großeltern, die im gleichen Haus wohnen, aber auch der Papa, der mit Zwillingen genauso gut umgehen kann wie die Mama.

Ängste, die wir um Martin ausgestanden haben. Jedoch ist auch aus dieser schweren Zeit mit den Eisentropfen etwas Positives geblieben. Eisentropfen haben nämlich den hässlichen Nebeneffekt, in Zusammenmischung mit der Milch unwirksam zu werden. Sie müssen in einem Abstand zur nächsten Mahlzeit mit mindestens einer Stunde Abstand verabreicht werden. Da wir die beiden friedlich schlafenden nicht schon nach einer Stunde wieder wecken wollten, gaben wir die Tropfen immer eine Stunde vor der nächsten Flasche.

Zuerst waren es 60 Minuten voller Gequengel, aber dann gewöhnten sie sich an „ihre" Stunden, in denen ich mich uneingeschränkt mit ihnen beschäftigte.

Ich bat unsere Ärztin, uns Babygymnastik zu verschreiben. Und das kann ich allen Eltern nur empfehlen, wenn sie nicht hundertprozentig sicher sind, was man mit Babys in welchem Alter alles so machen kann. Vorteil von so einer Gymnastikstunde - die Babys schlafen auch besser, weil sie müde sind.

Inzwischen ist „unsere" gemeinsame

Stunde schon auf anderthalb Stunden angewachsen. Und die Kinder fangen an, mit sich selbst zu spielen. Geblieben ist ein relativ geregelter Tagesablauf, der letztlich auch von den Kindern selbst bestimmt wird. Für mich bedeutet das ein kleines Stückchen Freiheit. In den Schlafenszeiten, die immer noch einen Großteil es Tages einnehmen, kann ich einiges im Haushalt erledigen oder selbst ein bisschen ausspannen. Unsere Kinder sind selten quengelig. Schon mehrmals haben wir von Einlingseltern gehört, wie erstaunt sie sind, dass es bei uns so friedlich zugeht.

Wenn das so bleibt, dann können wir wirklich sehr zufrieden sein. Oft haben wir sogar den Eindruck, dass unsere Zwillinge ausgeglichener sind, weil sie eben zu zweit sind, weil sie schon gut miteinander kommunizieren und auch spielen können. Wie erleben so viele drollige Szenen, die sich all die Leute, die immer nur an die doppelte Arbeit denken, natürlich nicht vorstellen können. (Andrea P.)

ZWILLINGE *das Magazin* - **Die Mitmach-Zeitschrift für Zwillings- & Drillingseltern**

So können Sie sich mit Beiträgen an ZWILLINGE *das Magazin* beteiligen: In fast 30 Jahren haben wir immer wieder festgestellt, dass die wahren Experten für Zwillings- und Drillingsthemen die Eltern sind. Viele Eltern haben darüber hinaus eine Qualifikation, die sie dazu prädestiniert, ihre Alltagserfahrungen mit anderen zu teilen. Sie sind selbst Erzieher, Lehrer oder Ärzte ... Erzieherinnen, Lehrerinnen oder Ärztinnen. Aber auch, wenn Sie ganz einfach „nur" Zwillings- und Drillingseltern sind - Ihre Erfahrungen, die Sie machen, sind von so unschätzbarem Wert für andere, für neue und werdende Eltern, dass sie unbedingt zu Papier gebracht werden sollten. Deshalb scheuen Sie sich nicht, uns zu schreiben und einen Beitrag zu irgendeiner Situation aus Ihren Leben mit mehreren gleichaltrigen Kindern zu schicken. Ihre Erfahrungen und vor allem Ihre Tipps und guten Ideen sind gefragt.

Und so geht's: Sie schreiben - wie Ihnen der „Schnabel gewachsen" ist. Dies hier ist kein Aufsatzwettbewerb. Unsere Redaktion bearbeitet Ihren Beitrag, macht die Überschrift dazu, das Layout und formuliert die Bildunterschriften und die Zwischenüberschriften.

Ihr Beitrag sollte im Format .doc oder .docx, in „word" oder einem anderen, gängigen Schreibprogramm bei uns ankommen. Gern aber auch einfach direkt in der E-mail formuliert. Sie können Ihre Beiträge per E-mail senden an info@twins.de.

Wir nehmen aber nachwievor auch handschriftliche Beiträge, die ganz einfach per Post kommen. Unsere Adresse: ZWILLINGE, Postfach 40 11 11, D-86890 Landsberg. Schicken Sie uns auch Ihre Fotos mit. Am besten sind ganz normale Familienfotos, wie man sie mit jeder Digicam oder einem Handy machen kann. Um die entsprechend hohe Auflösung und die Druckfähigkeit kümmert sich unsere Redaktion. Und wenn Sie uns einen großen Gefallen tun wollen: benennen Sie Ihre Fotos mit denjenigen, die darauf zu sehen sind - also zum Beispiel MaxConnySpielplatz.jpg.

Wir belohnen es, wenn Sie uns einen Beitrag schicken:
Suchen Sie sich ein Buch aus

Und was bekommen Sie für Ihren Beitrag? In erster Linie natürlich helfen Sie anderen Zwillingseltern, die vielleicht noch ganz am Anfang stehen, mit ihren wertvollen Erfahrungen. Zweitens macht es auch einfach Spaß, über die eigene Familie zu schreiben und die eigenen Zwillinge in unserer kleinen Zeitschrift zu sehen.

Allerdings veröffentlichen wir Ihren Beitrag in der neuen Machart unserer Zeitschrift nicht mehr unter vollem Namen, es sei denn Sie wünschen das ausdrücklich. Der Hintergrund dafür ist, dass das neue ZWILLINGE - DAS MAGAZIN dadurch, dass es auch auf online-Portalen angeboten wird, einem größeren Leserkreis angeboten wird. Natürlich werden sich am ehesten betroffene Zwillings- und Drillingseltern für ZWILLINGE interessieren. Dennoch möchten wir jeglichem Missbrauch vorbeugen.

Übrigens: Wer einen Beitrag für unser Magazin schreibt, erhält ein Exemplar des betreffenden Magazins gratis (zur Erinnerung) oder kann sich ein Buch aus unserem Programm aussuchen.

Dann kann's ja losgehen ... wir freuen uns und sind gespannt.

Frühchenzwillinge: MRT gibt Auskunft über mögliche Störungen

Nicht alle Zwillinge werden zu früh geboren. Dennoch ist der Anteil derer, die vorzeitig auf die Welt kommen, immer noch größer als bei Einlingen. Deshalb beschäftigen wir uns mit neuen medizinischen Möglichkeiten, die helfen, Schäden frühzeitig entgegenzuwirken.

Ein einfacher Hirn-Scan kann zeigen, ob das Gehirn eines frühgeborenen Säuglings beschädigt ist und liefert Hinweise darauf, ob das Kind eine geistige oder Bewegungsstörung entwickeln könnte. Zu diesem Schluss kommt eine kanadische Studie, die kürzlich im Fachblatt „Neurology" erschien. Die Deutsche Gesellschaft für Klinische Neurophysiologie und Funktionelle Bildgebung (DGKN) begrüßt den Einsatz bildgebender Verfahren, um die Gehirne von Frühgeborenen zu beurteilen: So können mögliche Entwicklungsstörungen früh erkannt und möglicherweise behandelt werden.

Deutschland: Eins von zehn Babys kommt zu früh

In Deutschland kommt etwa eins von zehn Babys vor der 37. Schwangerschaftswoche auf die Welt. Dank des medizinischen Fortschritts haben heute sogar Kinder, die in der 24. Woche geboren werden Überlebenschancen. Doch je früher das Neugeborene auf die Welt kommt, umso größer ist auch sein Risiko, mit einem Hirnschaden ins Leben zu starten, der die gesunde kindliche Entwicklung erheblich beeinträchtigen

kann. „Ein Hirn-Scan, der Lage und Ausmaß der Schäden zeigt, kann Auskunft darüber geben, wie groß das Risiko auf eine spätere Entwicklungsstörung ist", sagt Professor Dr. med. Stefan Knecht, Mediensprecher der DGKN.

Das kanadische Team untersuchte in einem Zeitraum von sieben Jahren 58 Frühchen, die im British Columbia's Women Hospital mit Verletzungen in der weißen Gehirnsubstanz zur Welt kamen. Mithilfe der Magnetresonanztomografie (MRT) bestimmten sie die Lage der Verletzungen in der 32. Woche nach der Geburt. Im Alter von 18 Monaten beurteilten die Experten dann die geistigen und motorischen Fähigkeiten der Kinder. Die Ergebnisse zeigen, dass die Position der Verletzungen Auskunft über Art und Ausmaß möglicher Entwicklungsstörungen geben kann: Wenn die Schäden hauptsächlich im Stirnlappen des Gehirns lagen, stieg das Risiko auf geistige Entwicklungsrückstände um einen Faktor von 79. Das Risiko auf Bewegungsstörungen vergrößerte sich um das 64fache.

Da ihre Lunge noch nicht vollständig entwickelt ist, können Frühgeborene oft nicht richtig atmen. Zudem können die zarten Blutgefäße, die das unreife Gehirn

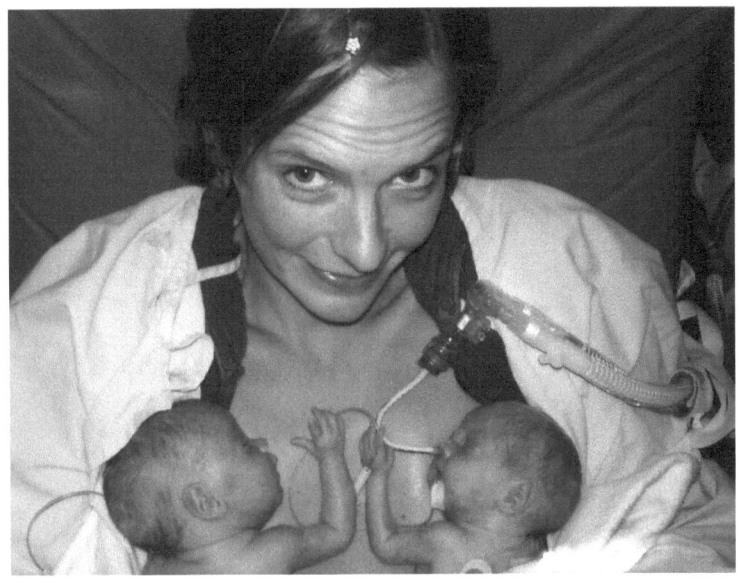

Viele Zwillinge werden zu früh geboren. Wie gut, dass die Medizin neue Möglichkeiten entwickelt, dank deren Einsatz man frühzeitig auf eventuelle Schäden reagieren kann.

mit Sauerstoff versorgen, leicht reißen - es kann zu Hirnblutungen und Sauerstoffmangel kommen, vor allem in der sogenannten weißen Substanz des Gehirns. Diese besteht aus den Axonen und Dendriten der Nervenzellen - die Ausläufer der Nervenzellen, die elektrische Impulse weiterleiten und verschiedene Hirnregionen miteinander vernetzen.

Frühere Untersuchungen haben gezeigt, dass die Gehirnzellen von Frühgeborenen weniger Verbindungen bilden als bei Kindern, die zwischen der 37. und 42. Schwangerschaftswoche zur Welt kommen. Je nachdem, in welcher Hirnregion die Schäden auftreten, können sich bestimmte kognitive Funktionen nicht normal entwickeln.

„Das MRT eignet sich hervorragend, um die Gehirne von Frühgeborenen auf Schäden zu untersuchen", sagt Knecht, der als Chefarzt an der Klinik für Neurologie an der St. Mauritius Therapieklinik in Meerbusch arbeitet. Im Gegensatz zu anderen bildgebenden Verfahren - wie etwa Röntgenstrahlen - sind die bildgebenden Magnetwellen für das Neuge-

borene harmlos. Dabei erstellt das MRT wesentlich genauere Bilder als zum Beispiel eine Untersuchung per Ultraschall. „Um auch die Langzeitfolgen der Schäden ausmachen zu können, müsste die Entwicklung der Frühgeborenen auch an weiteren Zeitpunkten während der frühen und späteren Kindheit beurteilt werden", ergänzt Knecht.

Eltern frühgeborener Zwillinge können also einer solchen Untersuchung zustimmen. Hilft sie doch, mögliche Störungen frühzeitig zu entdecken und zu behandeln, was immer von Vorteil ist.

Quelle:
T. Guo et al., Quantitative assessment of white matter injury in preterm neonates, Neurology, Published online before print January 18, 2017
doi: http://dx.doi.org/10.1212/WNL.0000000000003606

C. Rogers et al., Regional white matter development in very preterm infants: perinatal predictors and early developmental outcomes, Pediatr Res. 2016 Jan; 79(1-1):87-95. doi: 10.1038/pr.2015.172

Schnelle Tipps - gute Ideen

Zwillings- und Drillingseltern müssen vor allem praktisch denken. Deshalb haben sie Tipps und Ideen auf Lager, die wirklich hilfreich sind. Haben Sie auch einen Vorschlag, der auf diese Seite passt? Her damit! **Unsere E-mail: info@twins.de**

Wohin mit den vielen Pixibüchern? Zwilling Tristan hat die Lösung parat: eine kleine Getränkekiste. Zwillingsmutter Monika N. schickt uns diesen Tipp.

Mein Sohn Tristan hat sich selbst eine Lösung für seine kleinen Pixibücher gesucht! (Alkohol hat eben doch manchmal was Gutes ;-))!) Es gibt da von Underberg, diesem kleinen Kräuterschnaps, eine Getränkekiste, die gerade groß genug ist, um eine Batterie von Pixibüchern aufzunehmen. Leider gibt's die kleine Kiste nicht immer. Ich habe aber eine zweite vom Opa bekommen ...

Svenja F. schickt uns diesen Tipp: Bei uns gibt's Quetschies zum Selbermachen, wenn die Zwillings knatschig sind und eine leckere Ablenkung brauchen.

Bei uns ist es leider noch immer so: Wenn gar nichts geht, Quetschies gehen immer. Da die handelsüblichen Quetschies ordentlich ins Geld gehen, habe ich mal das Internet durchforstet und dabei wiederverwendbare Quetschbeutel gefunden. So habe ich häufig unsere Quetschies selbst gemacht (und mache es noch immer).

Der Phantasie sind hierbei keine Gren-

Eine wunderbare Aufbewahrungskiste für Pixibücher: die Underberg-Plastikkiste

zen gesetzt. Gemüsepürees, Obst-Getreide-Pürees oder auch Obstpürees mit Joghurt. Auch hier habe ich Obst und Gemüse vorher im Avent Breikocher gegart. Die Quetschbeutel sind schadstofffrei und Geschirrspüler geeignet. Sie lassen sich gut reinigen. Ich habe die Beutel immer einmal mit Spülmittel und Wasser abgewaschen und dann nochmal in den Geschirrspüler getan.

Das sagt die Verbraucherzentrale Niedersachen zu Quetschies.

Sind Sie besorgt, dass Ihr Kind zu wenig Obst isst? Da erscheint der Griff zum Fruchtpüree aus dem Quetschbeutel - sogenannte Quetschies - als einfache Lösung. Wir haben in einem Marktcheck stichprobenartig Quetschies überprüft. Das Ergebnis: Die Beutel kosten viel mehr als die üblichen Gläschen oder frisches Obst. Zudem ist das ständige Nukkeln an den Packungen für Kleinkinder ungesund.

Also - wenn schon Quetschies, dann wenigstens selber machen. Dazu gibt es auch eine Rezeptsammlung unter **www.quetschies.com**

Wohin mit den Zwillingen, wenn man sich kurz einmal um den Haushalt kümmern muss, zum Beispiel staubsaugen? Zwillingsmutter W. aus Österreich hat ihre beiden Schätze kurzerhand in Wäschekörbe gepackt.

Wenn ich meine Zwillinge kurz einmal sicher aufbewahren musste, habe ich sie in Wäschekörbe gepackt.

Ab in den Wäschekorb - Not macht erfinderisch! Ein Tipp aus Österreich.

Diese habe ich entsprechend ausgepolstert. Meine beiden Mädchen hatten viel Spaß darin, wenn ich sie nebeneinander aufstellte und ich konnte in Ruhe meine Arbeit tun.

Zwillinge stillen - ein neues Buch zum Thema

Ein sehr gutes Buch zum Thema „Zwillinge stillen" gibt es bereits. Warum also ein weiteres Buch zum gleichen Thema? Inga Sarrazin und Gisela Otto haben jetzt Buch präsentiert, das die Zwillingseltern anders anspricht und auch eine Art Tagebuch sein kann. Hier ein Interview mit Inga Sarrazin, der Co-Autorin.

ZWILLINGE: Dein neues Stillbuch zum Thema „Zwillinge stillen" ist gerade rausgekommen. Was hat Dich dazu gebracht, ein Stillbuch für Zwillings- und Drillingsmütter zu machen?

Inga: Ich bin selbst Zwillingsmama und habe als Stillberaterin der Arbeitsgemeinschaft freier Stillgruppen seit Jahren sehr viel Kontakt zu (werdenden) Zwillingseltern. Aufgrund meiner eigenen Erfahrungen, Sorgen und Probleme rund um die Ernährung von Zwillingen habe ich ein grundlegendes Verständnis für die Eltern und hätte mir damals selbst gewünscht, jemanden zur Seite zu haben, der mich ermutigt und bestärkt, mir Informationen gibt und mir so hilft, unseren Weg zu finden. Die Bücher oder Texte die es gab, waren oftmals wenig unterstützend im Hinblick auf das Stillen. In Elterngesprächen wurde ich entweder kritisch beäugt, weil ich die Kinder stillte (warum tust Du Dir das an?) oder weil ich ihnen die Flasche gab (aber Muttermilch ist doch das Beste!). Dies hat mich zusätzlich zu den tagtäglichen Herausforderungen sehr verunsichert. Tat ich als Mutter nicht das Beste, was ich tun konnte? Machte ich etwas falsch? Und was? Wie ist es richtig? Im Laufe der Zeit merkte ich, dass viele Zwillingseltern ebenso viele Fragen rund um

das Stillen, Füttern, Pumpstillen, etc. haben, verunsichert oder einfach unerfahren sind. Leider haben sie oft keine Ansprechpartner, der ihnen unvoreingenommen und positiv bestärkend diese Fragen beantwortet oder Erfahrungen mit den Herausforderungen bei Zwillingen oder Drillingen hat. Die Erkenntnis, dass jede Familie ihren eigenen Weg finden muss, je nach Wunsch, Situation, Möglichkeiten, entwickelte ich erst im Laufe der Zeit, weshalb ich mich entschied, eine Stillberaterausbildung zu machen. Durch die Stillberatungen und nun durch das Buch habe ich die Möglichkeit, Zwillingseltern mit kleinen Hilfestellungen und Tipps Wege aufzuzeigen. Ich wünsche mir, dass dies Zwillingseltern ermöglicht, entspannt und selbstsicher durch die Zeit mit Säuglingen zu gehen, dass sie wissen, sie geben all das, was sie können und sind für ihre Kinder die besten Eltern.

ZWILLINGE: Du bist ja selbst Zwillingsmutter, konntest Du Deine Zwillinge stillen?

Inga: Meine Zwillingsmädchen wurden als sehr kleine Frühchen mittels Kaiserschnitt geboren. Daher lagen sie fast 2 ½ Monate auf der Neonatologie. Für mich stand bereits seit der Schwangerschaft fest, dass ich ihnen, wenn irgend möglich Muttermilch

Inga Sarrazin gibt neuerdings zusammen mit einer Hebamme spezielle Geburtsvorbereitungskurse für werdende Zwillingseltern - siehe Seite 9. Ihre Erfahrung - und hier nicht nur die persönliche - macht sie zur perfekten Autorin für das neue Buch.

geben wollte. Daher habe ich von Beginn an mit einer elektrischen Milchpumpe Milch abgepumpt. Als sie etwas kräftiger waren, haben wir mit den ersten Stillversuchen begonnen. Bis zu diesem Zeitpunkt wurden sie erst durch eine Sonde, später mittels Flasche mit Muttermilch versorgt, bzw. wenn diese nicht reichte, mit Formulamilch zugefüttert. Da meine Kinder sehr unterschiedliche Charaktere und Trinker waren, gab ich den Tandemstillwunsch sehr schnell auf und versuchte, sie nacheinander zu stillen. Zu Beginn setzte ich Stillhütchen ein, später versuchte ich diese immer wieder wegzulassen. Da ich damals noch nie von Stillberaterinnen gehört hatte und meine eine Tochter nicht wirklich an der Brust trank, haben wir, mein Mann und ich, für uns entschieden, nur einen Zwilling zu stillen und dem anderen Zwilling Muttermilch mit der Flasche zu geben. Um den 3. Monat herum, wurde meine Milch immer weniger und wir begannen, Formula zuzufüttern. Als die Kinder 6 Monate alt waren, bekam ich einen Milchstau und beschloss, abzustillen. Meine Kräfte waren am Ende und ich war und bin dankbar, dass ich in der Lage war, meine Kinder 6 Monate lang voll oder teilweise mit Muttermilch zu versorgen. Wie man sieht, eine sehr bunte Stillgeschichte,

die mir den Blick für die Möglichkeiten für Zwillingseltern eröffnet hat.

ZWILLINGE: Heute arbeitest Du für maternita, gibst Kurse für werdende Mehrlingseltern in Berlin, Du bist Stillberaterin. Woher kommt Deine Erfahrung für das Thema?

Inga: Erst einmal selbstverständlich aus meinen eigenen Erfahrungen in den letzen 6 Jahren mit meinen Zwillingsdamen. Doch die persönlichen Erfahrungen verleiten selbstverständlich schnell dazu, anderen Eltern nur diese zu vermitteln. Da jede Familie anders ist, einen anderen Hintergrund, anderes Wissen, andere Wünsche oder auch Herausforderungen hat, wurde mir schnell bewusst, dass ich zwar authentisch beraten kann, doch mich viel mehr zu verschiedenen Möglichkeiten belesen, mich mit anderen Zwillingseltern, erfahrenen Zwillingshebammen, etc. austauschen muss. So ergab sich mit der Zeit ein vielfältiges Bild an Informationen und mit jedem Gespräch neue Aspekte, welche ich nun an die werdenden Eltern weitergeben kann. Durch meine Arbeit bei maternita verfolgen wir viele Neuerungen zum Beispiel bei der Erstausstattung, haben Kontakt zu Hebammen, Trageberaterinnen, Stillberaterinnen, etc. und können so unser Wissen immer aktuell halten. Neuerdings biete ich gemeinsam mit der Hebamme Jana Friedrich vom Hebammenblog einen Geburtsvorbereitungskurs ausschließlich für Zwillingseltern an. Auch hier lerne ich immer wieder etwas dazu und profitiere von dem Wissen der Hebamme und den Fragen der werdenden Zwillingseltern.

Selbstverständlich habe ich mich über die Zeit zu bestimmten Themen auch extern weitergebildet über das Stillen von Frühchen oder Zwillingen beim Ausbildungszentrum Laktation und Stillen bis hin zu Baby Led Weaning, also der babyorientierten Beikost. Doch ich bin weiterhin neugierig und offen und freue mich über alles, was ich neu lernen und an die Eltern weitergeben kann.

ZWILLINGE: Du hast das Buch nicht allein geschrieben, sondern zusammen mit einer Autorin, Gisela Otto. Was war Dein Part bei dem Gemeinschaftsprojekt?

Inga: Gisela ist ebenfalls Zwillingsmama und hat sehr viele Geschichten und Bücher rund um das Thema Zwillinge verfasst. Ihre Zwillinge sind bereits erwachsen, sie hatte teilweise andere Herausforderungen zu bewältigen und in den Jahren hat sich vieles verändert. Ich habe daher als Stillberaterin versucht, die Themen und Möglichkeiten,

die die Eltern heutzutage beschäftigen, aufzugreifen, aktuelle Erkenntnisse einzubeziehen und vor allem bestärkende Worte für den individuellen Weg und bedürfnisorientierten Umgang zu formulieren.

ZWILLINGE: Was ist anders als bei herkömmlichen Ratgebern zum Thema Stillen?

Inga: Zum einen war uns wichtig, die Leser direkt anzusprechen. Denn es geht ja um Dich, als Zwillings- oder Drillingsmama. Wir wollten weniger ein Fachbuch, sondern einen lebensnahen Ratgeber schreiben, der die Familien bestärkt, ihren ganz eigenen, persönlichen Weg zu finden. Der ihnen das Selbstvertrauen gibt, eigene Entscheidungen ohne schlechtes Gewissen zu treffen, sie motiviert, dass das Stillen von Zwillingen möglich ist, auch bei unterschiedlichen, manchmal schwierigen Ausgangssituationen. Sie aber auch darin bestärkt, dass Stillen nicht der ausschließliche Weg, sondern eine der Möglichkeiten ist.

Auch den Papa wollten wir nicht vergessen, denn er hat eine tolle und wichtige Rolle und kann und möchte viel beitragen. Die Vaterrolle hat sich in den letzten Jahrzehnten verändert, die Väter wollen dieser gerecht werden, daher ist es selbstverständlich, auch für diese zu schreiben.

Wichtig war es uns ganz im allgemeinen, Inspirationen zu geben, Möglichkeiten aufzuzeigen und so vielfältig zu bleiben, wie das Leben mit Zwillingen eben so ist. Abgerundet wird dies durch viele praktische Tipps zur Vorbereitung, für Helferlein rund um den Alltag und Hinweise zu Anlaufstellen u.v.m.

ZWILLINGE: Was würdest Du allen werdenden Zwillings- und Drillingsmüttern raten, wenn sie ihre Babys stillen wollen? Was sind die wichtigsten Voraussetzungen?

Inga: Die wichtigste Grundlage ist das Wissen, dass es möglich ist, Zwillinge oder Drillinge zu stillen. Wenn durch dieses Wissen der Wunsch entsteht, die Babys zu stillen, ist dies der erste Schritt auf dem Weg.

Ein weiterer wichtiger Aspekt ist das Vertrauen. Vertrauen in sich und seinen Körper, dass dieser in der Lage ist, zwei oder gar drei Kinder zu versorgen. Aber auch das Vertrauen in die Babys. Ihre Instinkte sind auf das Überleben programmiert, ihre natürlichen Reflexe auf das Finden der Milchquelle ausgelegt. Mit Vertrauen und Zeit, ist es möglich, Zwillinge oder Drillinge zu stillen.

Wenn sich die stillwillige Zwillingsmutter dazu auf die Suche nach Unterstützung macht, eine Hebamme findet, die sie bei diesem Wunsch begleitet, wenn der Partner, sich der Vorteile bewusst ist, wenn andere Zwillingseltern, die bereits Erfahrungen bei der Ernährung von Zwillingen gemacht haben, Rat geben, wenn eine Stillberaterin informiert, sind sehr gute Voraussetzungen dafür gegeben, dass es eine schöne Stillbeziehung werden kann, die so lange andauert, wie es für alle Beteiligten passend und richtig ist.

Mehrlinge stillen - ein neues Infoheft vom ABC-Club

Fast zeitgleich hat jetzt auch der ABC-Club (für Eltern ab Drillinge) eine neue Broschüre herausgebracht: „Mehrlinge stillen". Ein wichtiges Thema, denn immer mehr Drillingseltern möchten ihre Babys mit Muttermilch versorgen. Und dass dies durchaus möglich ist, zeigt das Infoheft ...

... schon auf dem Titel: Papa füttert einen Drilling mit angepumpter Muttermilch, Mama stillt Tandem.

Ähnlich wie in unserem neuen Buch findet sich in der ersten Hälfte der Broschüre eine detaillierte Anleitung, wie „Stillen überhaupt geht" ... es geht um Muttermilch, wie sie entsteht, wie sie reicht, wie man sie aufheben kann und vieles mehr. Auch die speziellen Themen für Mehrlinge kommen nicht zu kurz: Stillen nach Zeitplan oder nach Bedarf? Gleichzeitiges Stillen oder nacheinander? Alternative Fütterungsmethoden und ein paar Tipps zu Stillproblemen, wie Brustentzündung oder wunde Brustwarzen - Themen, die uns ja allen nur zu bekannt sind.

Im letzten Drittel des Infoheftes dann einige Erfahrungsberichte - wie immer: das Salz in der Suppe. Hier bekommen werdende Drillingseltern Einblick in die sehr persönlichen Familien- und Stillgeschichten. Und gerade das macht Mut: Ja, auch Drillinge müssen nicht auf die gute Muttermilch verzichten, auch sie können gestillt werden.

Mitglieder erhalten die Infobroschüren des ABC-Clubs gratis, andere zahlen 4 Euro plus Versand. www.abc-club.de

Der große Schock: Fieberkrämpfe

Fieberkrämpfe sind nichts, was ausgerechnet Zwillinge besonders häufig trifft. Wenn sie allerdings davon betroffen sind, ist noch mehr Stress angesagt. Svenja erzählt uns, wie sie damit umzugehen gelernt hat.

Fieberkrämpfe sind in der Regel harmlos. Sie werden durch fiebrige Infekte wie das Drei-Tage-Fieber, ganz normale grippale Infekte oder auch Magen-Darm-Infekte ausgelöst.

Statistisch gesehen haben zwei bis fünf Prozent aller Babys oder Kleinkinder mindestens einen Fieberkrampf.

Sie treten ab sechs Monaten bis zum Ende des fünften Lebensjahres auf und gelten generell als harmlos. Natürlich müssen vorher alle anderen schweren Krankheiten wie Meningitis etc. ausgeschlossen werden.

Die genauen Ursachen für Fieberkrämpfe sind bis heute unklar. Man geht von erblicher Veranlagung aus. Ausgelöst werden Fieberkrämpfe durch einen zu schnellen Fieberanstieg. Dabei ist die Höhe des Fiebers gar nicht unbedingt entscheidend, es geht dabei allein um den raschen Anstieg. Der Körper kommt damit nicht klar und reagiert mit einem Krampfanfall.

Das Kind verliert dabei das Bewusstsein, verdreht die Augen und ist nicht ansprechbar. Die Atmung wird ganz langsam und flach, sodass man denkt, es atmet nicht, zumal sich die Lippen auch blau färben können.

Während eines Krampfanfalls zucken die Muskeln unkontrolliert. Das Kind hat dabei keine Schmerzen. Meistens ist es danach apathisch und schläft mehrere Stunden.

Früher wurden Fieberkrämpfe häufig mit Epilepsien verwechselt und deshalb auch mit Epilepsiemedikamenten behandelt. Heutzutage weiß man, dass Fieberkrämpfe selbst mit Epilepsie gar nichts zu tun haben, dass allerdings häufige komplizierte Fieberkrämpfe Epilepsien auslösen können. Man unterscheidet bei Fieberkrämpfen zwischen unkomplizierten Fieberkrämpfen und komplizierten Fieberkrämpfen.

Ein unkomplizierter Fieberkrampf dauert höchstens sieben bis zehn Minuten, einige Fachleute sagen fünfzehn Minuten. Komplizierte Fieberkrämpfe dauern länger als zehn bis fünfzehn Minuten und treten meist mehrmals am Tag, hintereinander auf.

Soviel zur Theorie ... Ich möchte heute gern unsere Erfahrungen mit Fieberkrämpfen schildern.

Erik, einer unserer mittlerweile 25 Monate alten Zwillingsjungs, neigt zu Fieberkrämpfen. Er hatte mittlerweile drei Fieberkrämpfe. Zwei unkomplizierte und einen komplizierten. Obwohl ich seit dem ersten Fieberkrampf weiß, dass zumindest unkomplizierte Krämpfe harmlos sind, bekomme ich jedes Mal wieder den Schock meines Lebens.

Bei uns fing das so an: Lennart bekam von irgendwem, irgendwoher das Drei-Tage-Fieber. Er kämpfte das innerhalb von zweieinhalb Tagen mit minimalem Ausschlag aus und war damit durch. Er ist sowieso von den beiden Mäusen der gesundheitlich robustere. Erik steckte sich natürlich an und bekam es an dem Tag, an dem Lennart damit durch war. Das war sieben Tage vor dem ersten Geburtstag. Er fieberte auch vorher schon häufiger mal hoch. Das war an sich nicht ungewöhnlich. Allerdings haben wir das Fieber immer gut in den Griff bekommen. Er fieberte an dem besagten Nachmittag allerdings über eine längere Zeit sehr hoch und die Temperatur stieg ungefähr 1° C die Stunde. Abends war er bei 39,5° C. Er bekam zur Nacht ein Zäpfchen, das glücklicherweise auch schnell anschlug. Beim Fläschchen in der Nacht war noch alles ok. Allerdings war er etwas wärmer, doch das war nicht besorgniserregend. Wir behielten ihn aber bei uns im Bett, um ihn unter Beobachtung zu haben. Dabei war uns wohler.

Morgens wurden wir durch Lennart geweckt, der lautstark seine Morgenflasche verlangte. Wir gaben beiden Kindern die Flasche und kuschelten - wie

Erik (links) hat schon den dritten Fieberkrampf hinter sich. Zwillingsbruder Lennart steckt Fieber leichter weg.

jeden Morgen - noch bei uns im Bett. Irgendwann wurden beide Kinder unruhig und mein Mann wollte Erik schon einmal rüber ins Kinderzimmer tragen und ihn waschen und wickeln. Während er das Kind trug, hörte ich nur ein würgendes Geräusch und meinen Mann sagen: „Erik, Oh Gott", dann schrie er nach mir: „Schatz!!! Erik atmet nicht mehr!"

Ich sprang aus dem Bett und war innerhalb von einer Sekunde bei ihm. Ich sah, wie Eriks Körper anfing, unkontrolliert zu zucken. Ich schnappte mir Lennart, packte ihn in sein Gitterbett, damit er sicher abgelegt ist und nahm meinem Mann Erik ab. Mein

Körper schaltete automatisch auf „klar denken". Ich wurde komplett ruhig und sachlich. Während ich Erik auf die Wickelkommode legte, sagte ich zu meinem Mann: „Hol einen kalten Waschlappen, dann geh runter! Hol das Telefon, ruf einen Notarzt!" Er reichte mir den Waschlappen, den ich Erik auf die Stirn legte.

Im Nachhinein erfuhr ich, dass man das mit dem kalten Lappen nicht machen soll. Ich wusste mir nur nicht anders zu helfen, ich dachte ja bis dahin noch, das Kind atmet nicht und stirbt. Mein Mann brauchte telefonierend ganze 10 Sekunden nach unten und wieder hoch. Er war schon wieder mit dem Notarzt in der Leitung neben mir während ich Fieber maß. Das Thermometer arbeitete noch und mein Mann drückte mir das Telefon in die Hand, er konnte nicht mehr reden. Während ich Erik ein Zäpfchen gab, sagte ich dem Notarzt Eriks Daten und gab die Temperatur - 39,5° - durch. Da zuckte Erik schon nicht mehr, aber schaute apathisch zu mir. Er sagte, wir sollen warten, er schickt einen Wagen. Ich wies meinen Mann an, die Wickeltasche mit Fläschchen zu packen. Ich blieb bei Erik und beobachtete ihn. Lennart war noch in seinem Gitterbett. Er war so lieb, nahm sich total zurück und guckte nur etwas verschreckt. Klar, er konnte ja gar nicht verstehen, was mit seinem Bruder los war und warum so viel Trubel um ihn herum ist. Mein Mann blieb bei Erik, während ich mich schnell anzog. Ich packte noch schnell zwei Windeln, Feuchttücher, Quetschies und Kinderzwieback in die Tasche. Wer weiß, wie lange das in der Notaufnahme dauern würde. Der Erfahrung nach ewig, außer man verblutet. Gilt für die Erwachsenennotaufnahme und leider genauso wie für die Kindernotaufnahme.

Notarztteam kommt mit Gepäck.

Kaum war alles gepackt, fuhr der Notarzt vor. Sie waren tatsächlich zu viert. 1 Notärztin und 3 Rettungsassistenten. Ich schickte sie mit ihrem „Gepäck", das mir ein mulmiges Gefühl machte, nach oben ins Kinderzimmer. Einer kümmerte sich gleich liebevoll um Lennart und die anderen beiden warteten auf Anweisung, während die Ärztin sich Erik anschaute.
Sie sagte erleichtert: „Oh, der schaut ja schon wieder ganz aufmerksam durch die Gegend. Ich krieg immer ein ganz mieses Gefühl, wenn ich zu Säuglingen gerufen werde." Sie fragte alles nochmal ab: Verlauf, Temperatur, Dauer des Krampfes (alles zusammen höchstens fünf Minuten) und vorangegangene Infekte. Sie erklärte uns

alles nötige zu Fieberkrämpfen, sagte aber dass sie uns mit in die Klinik nehmen würde, denn die Gefahr eines weiteren Krampfes ist innerhalb der ersten 48 Stunden am höchsten und weil es sein erster war, sollte ein Kinderarzt noch einmal drüber schauen. Ich fuhr mit Erik im Krankenwagen mit und mein Mann blieb bei Lennart. Die beiden sollten sich in Ruhe fertig machen und dann hinterher kommen. Im Krankenwagen nahm ich erst wahr, dass es sich bei dem einen Rettungsassistenten um den Schwager einer guten Freundin von mir handelte. Wir unterhielten uns während der kurzen Fahrt, das beruhigte mich und lenkte mich ab.

Lange Wartezeiten voller Ungeduld und Sorge.

In der Kindernotaufnahme wartete ich mit einem schlafenden Kind sage und schreibe 45 Minuten im Behandlungszimmer auf einen Arzt, obwohl kaum etwas los war. Da sie aber wieder mal unterbesetzt waren, hatte der wirklich sehr nette Kinderarzt auch noch die drei Kinderstationen, um die er sich kümmern musste. Die Schwester hatte alle 20 Minuten Fieber gemessen, die Temperatur ging nicht nennenswert runter. Ich sollte eine Nacht zur Beobachtung mit ihm bleiben, bis das Fieber runter ist. Im Zimmer angekommen, wurde Erik an Monitorüberwachung angeschlossen und seine Werte zeigten uns, dass das Fieber endlich gesunken war. Er schlief vier Stunden. Da auch Lennart eingeschlafen war, hatten mein Mann und ich Zeit, uns zu unterhalten und einen gemeinsamen Kaffee zu trinken. Nachdem Lennart wieder wach war, gingen die beiden nach Hause und meine Eltern kamen. Kurz danach kam meine Schwiegermama. Ich hatte leider etwas Zeit zum Nachdenken, das Adrenalin sank und ich heulte wie ein Schlosshund, bis alle Last von mir abgefallen war.

Aus einer Nacht wurden drei Nächte, weil das Fieber einfach nicht sank. Ich musste auch nachts alle Stunde bis zwei Stunden Fieber messen, weil seine Herzfrequenz sehr hoch war, was auf hohes Fieber hindeutete. Die Zäpfchen bzw. der Saft schlug an, aber immer nur eben für diesen Zeitraum. Wir mussten Ibuprofen und Paracetamol alle drei bis vier Stunden im Wechsel geben. Mein armes Baby wurde wirklich vollgepumpt mit Fiebermedikamenten. Erst am zweiten Tag war das Fieber besser zu Händeln, denn dann kam auch der Ausschlag, nachdem die Temperatur einmal auf 40,0° C hoch schoss. Mein Mann und Lennart besuchten uns jeden Tag kurz, aber mehr war nicht zu machen, denn Lennart wollte nicht im Krankenhaus sein. Er hatte Angst und weinte viel. Zu Hause vermisste er seinen Bruder. Er spielte immer nur lustlos und egal wie mein Mann ihn aufmuntern wollte, es funktionierte nicht. Ich hatte zwar im Krankenhaus die tägliche Unterstützung von Oma, Oma und Opa, aber auch Erik wollte nicht da sein und quengelte viel und rief abends immer wieder: „DeeDaa" und schaute sich suchend nach Lennart um. Er verweigerte häufig Essen und Trinken und das Fieber war noch immer schwer in den Griff zu bekommen. Ich sollte auch weiterhin nachts messen.

Zu wenig Schlaf ist auch nicht förderlich.

So langsam ging ich mangels Schlaf auf dem Zahnfleisch und Erik auch. Also überredete ich die Schwester, dass wir ab dieser Nacht nur seinen Monitor beobachten, ich aber nur im äußersten Notfall messe, denn ich war hundertprozentig der Meinung, dass das Kind sich auch irgendwann mal erholen muss und das geht halt nur mit Schlaf. Sie stimmte mir nur zögerlich zu. Und ... oh Wunder, das Fieber blieb in Regionen um

38,0 bis 38,5 und Erik war am nächsten Tag schon viel fitter. Die Visite empfahl eine weitere Nacht Aufenthalt zur Beobachtung und weil Erik immer noch eher wenig aß und trank, stimmte ich dem zu. Danach war alles unspektakulär, er aß wieder, er trank wieder und das Fieber war nur noch bei circa 38,0° C. Wir durften endlich nach Hause. Wir bekamen Diazepam als Notfallmedikament mit und einen Flyer, wie bei einem Fieberkrampf zu handeln ist. Am nächsten Tag mussten wir zur Nachsorge zu unserem Kinderarzt. Er sagte uns, dass es sein kann, dass das der einzige Krampf war und er nie wieder einen bekommt. Das hofften wir auch ...

Und wieder ein Fieberkrampf!

Bis wir im März 2017 eines Besseren belehrt wurden. Erik bekam auf einmal unerklärliches Fieber ohne Infekt, allerdings war er kurz vorher geimpft worden. Es lief wieder genauso ab wie beim ersten Krampf. Wieder morgens, wieder mit schnellem Anstieg und wie wir herausgefunden hatten, in unserem Fall ist erstens der rasante Anstieg der Temperatur entscheidend und zweitens die Abweichung zwischen Popotemperatur und Kopftemperatur. Wenn bei ihm die Kopftemperatur höher ist, dann ist die Möglichkeit eines Krampfes hoch. Dieses Mal waren wir wirklich schon professionell, denn wir wussten ja genau, womit wir es zu tun hatten.

Also lief das so: Mein Mann rief - wieder beim Tragen ins Kinderzimmer: „Schatz!!!! Fieberkrampf!" Bei mir Schock, Licht an, Blick auf die Uhr, Lennart mit ins Kinderzimmer, ab ins Gitterbett. Wecker auf die Wickelkommode, um den zeitlichen Verlauf zu kontrollieren. Mein Mann legte Erik auf die Wickelkommode, nahm das Handy, telefonierte total ruhig mit dem Notarzt, ich gab nebenbei die Temperatur durch und verabreichte nach den vorgeschriebenen zwei Minuten das Diazepam und wartete. Mein Mann blieb bei Erik und ich zog mich schnell an. Nach weiteren zwei Minuten war der Krampf vorbei. Er war kürzer dieses Mal. Ich gab ein Zäpfchen. In der Zeit hatte mein Mann mir eine Tasche mit Zahnbürste, Haarbürste, Duschsachen und einmal Wechselklamotten für Erik und mich gepackt. Je eine Trinkflasche für Erik und mich und seinen Schlafsack nahm ich in die Hand. Der Notarzt kam und nahm uns wieder mit.

Diesmal ging alles schneller.

Dieses Mal waren wir schneller auf Station. Erik schlief zwei Stunden völlig ausgepowert. In der Zeit telefonierte ich mit der Familie, sagte Termine ab, informierte die Paten. Durch die Erfahrung war alles anders. Erik verweigerte gar nichts, er aß, er trank, das Fieber war allerdings sehr wechselhaft und mal besser und mal schlechter in den Griff zu kriegen. Dieses Mal ging es mir nicht gut im Krankenhaus. Ich fühlte mich geschafft und völlig überfordert. Wir blieben eine Nacht und weil Erik wirklich nicht ruhig zu halten war und viel quengelte, entschied ich mich entgegen der Empfehlung der Ärzte, nach Hause zu gehen. Es ging ihm im Krankenhaus nicht gut und er vermisste seinen Bruder. Ich hatte gar keine Bedenken zu gehen. Das Fieber war zu Händeln, Essen und Trinken überhaupt kein Problem und siehe da: zu Hause erholte er sich innerhalb von nur zwei Tagen. Unser Kinderarzt sagte auch, dass ich absolut richtig entschieden hatte.
Der dritte Krampf kam im Juni 2017. Dieses Mal war es ein komplizierter Fieberkrampf. Wir hatten keine Ahnung, warum Erik wieder Fieber bekam, auch wenn wir bei ihm einige Theorien haben, wann er warum hoch fiebert. Das

ist aber Elternbauchgefühl und nicht medizinisch bestätigt. Wir glauben zum Beispiel, dass er riesengroße Entwicklungen, egal ob geistig oder körperlich, mit Fieber auskämpft.
Es war ein Samstagmorgen und das Fieber war da. Die Zäpfchen kamen mit Durchfall wieder raus. Aber das war kein Magen-Darm-Grippe-Durchfall, nein, er reagierte auf irgendeinen Trägerstoff im Zäpfchen. Egal welches wir gaben, es kam wieder raus. Saft verweigerte er, das heißt den ganzen Tag über blieb kein Fiebermedikament in ausreichender Menge im Kind.
Also riefen wir nachmittags meine Eltern an, baten sie, auf Lennart aufzupassen und fuhren in den kassenärztlichen Notdienst. Es war brechend voll. Erik aß seinen Nachmittagssnack und schaute sein Buch an. Mein Mann und ich tranken einen Kaffee vom Kiosk. Erik wurde etwas unruhig. Kein Wunder wir hatten ja auch schon fast zwei Stunden Wartezeit hinter uns, es waren aber noch drei Patienten vor uns. Erik wühlte in seinem Buggy hin und her. Mein Mann brachte gerade die Becher zum Mülleimer.

Der dritte Krampf ist schwerer.

Da hörte ich aus dem Buggy ein würgendes Geräusch, er bekam einen panischen Blick und presste nur das Wort: „Mamaaaa!" hervor und dann ging es los, mitten im Warteberich der Notfallsprechstunde. Ich rief in die Anmeldung, die genau gegenüber war. „Mein Sohn hat einen Fieberkrampf!" Ich stellte den Buggy flach, löste den Gurt, damit er frei krampfen kann. Mein Mann kam angerannt und wir wurden in eins der Sprechzimmer gebracht. So schnell kann man sich mal eben vordrängeln. Der Arzt kam gleich rein und ich war schon dabei, das

Diazepam zu geben, das mein Mann in Vorahnung eingepackt hatte. Während ich mit dem ebenfalls mitgebrachten Fieberthermometer die Messung durchführte, organisierte mein Mann ein Zäpfchen und ich erzählte dem Arzt den Verlauf und auch alles über die vorherigen Krämpfe. Da wir ja schon Erfahrung hatten, sagte der Arzt: „Wenn das auch wieder ein unkomplizierter Krampf ist, dürfen Sie mit ihm nach Hause. Sie sind so routiniert, da sehe ich keine Probleme."
Aber ... Erik hörte nicht auf zu krampfen, zehn Minuten waren um und das Diazepam wirkte nicht. Er bekam eine zweite Dosis und dann hörte er nach einer Minute auf zu krampfen, wir warteten alle um ihn herum, denn er war weiterhin nicht ansprechbar und blieb krampfbereit.

Krampfbereit - es kann immer wieder losgehen.

Krampfbereit bedeutet, dass jederzeit der nächste Krampf folgen kann. Zusätzlich erhielt er immer mal etwas Sauerstoff. Nachdem sich nach weiteren zehn Minuten noch nichts getan hatte, mussten wir gleich rüber in die Kindernotaufnahme und dem Kinderarzt dort alles noch einmal schildern, inklusive vergangener Krämpfe. Er sagte ziemlich vorwurfsvoll zu mir: „Ach deswegen sind Sie so ruhig und sachlich." Als ob ich eine Rabenmutter wäre ... „Na schönen Dank!", dachte ich. Der hatte absolut keine Ahnung, wie ich mich fühlte.
Unser Sohn war mittlerweile seit über zwanzig Minuten in diesem Krampf gefangen. Ich sagte dem Arzt nur: „Natürlich bin ich aufgewühlt, aber jetzt losheulen, wie ich es eigentlich will, hilft meinem Kind auch nicht. Dann gebe ich Ihnen lieber alle nötigen Fakten

und Sie können entsprechend helfen." Dann besann er sich auf seine Aufgabe als Arzt, denn Erik schlug in genau diesem Moment die Augen auf. Er untersuchte ihn erneut und legte ihm einen Zugang, obwohl das unserem kleinen Schatz höllisch wehtat, hielt er still. Dann wies er uns auf Station ein. Er diagnostizierte einen Magen-Darm-Infekt. Meine Aussagen, dass er zu Hause alle Zäpfchen ausgeschieden hatte und hier ja nun kein einziges, blieben ungehört.
Auf Station wurden wir von einer lieben Schwester empfangen, die auch Erik ganz lieb begrüßte. Der zeigte nur auf das Bett. Kaum lag er, schlief er ein. Mein Mann rief meine Eltern an, die dann weiter bei Lennart blieben. Zu Hause war alles super. Lennart genoss die Exklusivzeit mit Oma und Opa. Ich blieb bei Erik und mein Mann holte uns, routiniert wie er bereits war, alles Nötige für zwei Tage. Es war 18 Uhr und Erik schief jeweils immer bis zum Fieber messen. Allerdings hatte ich ja mittlerweile so viel Übung, dass ich messen und wickeln im Bett so vorsichtig konnte, dass er nicht immer unbedingt wach wurde. Für die Nacht bekam er einen Tropf mit Flüssigkeit. Das fand ich gut, gerade wegen des Fiebers. Die Schwester gab auch keine anderen Medikamente. Bei ihr wurden meine Bedenken gehört. Erik hatte keinen weiteren Durchfall oder ähnliches.

Einfühlsame Schwester erleichtert den Klinikaufenthalt.

Die Schwester sagte, ich solle schlafen solange es geht, sie würde reinkommen und die Werte checken. Nur bei bedenklichen Werten messen wir. „Ruhe ist erstmal alles, was wir brauchen", sagte sie. Am nächsten Morgen ging es Erik schon besser. Der Arzt band mich in alle Entscheidungen ein. Er sagte, dass er Erik gern eine zweite Nacht dabehalten würde, weil es sein erster komplizierter Krampf war. Das war mir auch lieb so. Dieses Mal klappte es im Krankenhaus auch viel besser. Erik spielte, aß, trank und freute sich über Besuch von Oma, Oma und Opa. Die zweite Nacht blieb komplikationslos. Lediglich einmal musste ich ein Zäpfchen geben. Am nächsten Morgen durften wir heim. Allerdings mit dem Hinweis, zum Kinderneurologen zu gehen und ein Schlaf-EEG machen zu lassen. Damit konnten wir sicher gehen, dass der Fieberkrampf keine Folgekrankheiten verursacht hat und auszuschließen, dass die Fieberkrämpfe einen neurologischen Hintergrund haben. Ich rief beim Neurologen an und hatte gleich für die Folgewoche einen Termin. Mit unserem Kinderarzt hatte ich telefoniert und einen Tag später gingen wir zur Kontrolle. Den Termin beim Neurologen hatte ich um 11.45 Uhr. Das war perfekt kurz vor dem Mittagschlaf. Das versuchen die dort immer so zu legen, da die Kinder ja schlafen sollen beim EEG. Alle in dieser Praxis waren total nett. Erik bekam ein pflanzliches Schlafmittel und dann brachte ich ihn in einem anderen Raum zum Schlafen, da in dem Raum, in dem das EEG stattfinden sollte, noch der Techniker wuselte und sich mit der Arzthelferin unterhielt. Auf meinen Hinweis, wie ich ein fast zweijähriges Kind bei dem Geschnatter und dem Radau in ungewohnter Umgebung zum Schlafen bringen soll, wurde mir dann der Raum zugewiesen. Den habe ich mir dann erstmal selbst etwas abgedunkelt. Ich legte Erik auf die Couch und kraulte ihm den Rücken und den Kopf und dann war er ruckzuck innerhalb von fünf Minuten eingeschlafen. Dann gingen wir zurück in den ursprünglichen Raum und er wur-

de an das EEG angeschlossen. Nach 30 Minuten wurde er „abgestöpselt" und wir konnten direkt zum Arzt rein. Erik schlief noch immer in meinem Arm. Der Arzt konnte glücklicherweise nichts feststellen. Gott sei Dank. Ich hätte vor Erleichterung fast geweint. Ich hatte keine Fragen mehr und dann konnten wir nach Hause. Erik schlief an dem Tag insgesamt drei Stunden und konnte dann wieder fit und fröhlich mit seinem Bruder durch den Garten toben.

Wir hoffen, dass es einfach vorbei geht ...

Wir hoffen jetzt einfach, dass er damit durch ist und kein weiterer Fieberkrampf folgt. Allerdings rechnen wir damit, dass es immer wieder vorkommen kann, bis er dem entwachsen ist. Das ist spätestens im Schulalter der Fall. Denn er wird davon leider immer mehr mitbekommen. So wie beim letzten Krampf. Es war ihm bewusst, dass was passiert und ich als Mama konnte es nicht verhindern. Mir brach das Herz, meinen kleinen Schatz davor nicht bewahren zu können.

Wir sind allerdings bei jedem Infekt wachsam und messen lieber einmal mehr die Temperatur. Wir dürfen bei ihm schon ab 38,0° C bis 38,5° C ein Zäpfchen geben, denn wenn das Fieber erstmal da ist, dann ist es schwer in den Griff zu bekommen.

In der KiTa haben wir das auch geklärt und ein Diazepam gelagert. Wir sind also bestens gerüstet und alle Beteiligten inklusive Großeltern und Paten haben den Flyer bekommen, damit auch sie für den Notfall gerüstet sind.

Generell haben wir aber eine positive Einstellung und hoffen, dass es irgendwann dann einfach vorbei ist.

(Svenja F.)

Bastelspaß mit Leon, Leonie & vielen Tieren

Die Zwillinge Leon und Leonie sind begeisterte Bastler. Also haben sie sich bei der Verlosung für das kleine Büchlein „Mein tierischer Faltspaß" beworben. Hier sind ihre kleinen Kunstwerke.

Mit Feuereifer dabei: Leonie und Leon (oben) - unten: so entsteht ein ganzer Zoo.

„Mein tierischer Faltspaß, 28 vorgestanzte 3D-Falttiere", Lingen Verlag, 64 Seiten, ISBN: 978-3-943390-50-6, 9,95 Euro.

So schlafen Zwillinge und Drillinge

Beim Überarbeiten unseres „Ausstattungsratgebers für Zwillinge & Drillinge" finden wir immer wieder neue Produkte. Super - so sind wir stets auf dem neusten Stand und Eltern von Zwillingen und Drillingen können sich über gute Informationen freuen. Hier stellen wir Ihnen eine neue Schaukelwiege in Herzform für Zwillinge und ein Laufstallbett für Drillinge vor.

Die Betreuerin von drei süßen Drillingsmädchen, Anne, hat uns auf dieses Bett, das auch als Laufstall dient, aufmerksam gemacht. Kennen gelernt haben wir Anne in der Facebookgruppe vom ABC-Club.

Anne schrieb an uns: „Wir lieben dieses Bett, es ist von Sämann Kindermöbel. 140 x 140 Zentimeter höhenverstellbar. Wir haben es oben als Bett und unten (ab nächste Woche) als Spielplatz/Laufgitter. Es ist reichlich Platz zum Herumkreiseln. Ein sehr stabiles und schön verarbeitetes Bett/Laufgitter.
Der Preis von 230 € ist absolut ok. Bei Bestellung wird es direkt angefertigt und dann ausgeliefert (circa 10 Werktage)."

**Mehr Informationen unter
www.laufgitter-baby.de**

Solange die Drillinge klein sind und auch tagsüber viel schlafen, ist es ein Bett. Später kann das Bett als Laufstall genutzt werden.

Babyausstatter Leipold hat ein Herz für Zwillinge - den Schaukelkorb „Herz".

Sie mögen es in Herzform? Oder rund? Vom Babyausstatter Leipold gibt es die Schaukelkörbe „Rondo" und „Herz", die sich beide aufgrund der Ausmaße auch für Zwillinge eignen. Die Liegefläche bietet 70 Zentimeter Durchmesser. Die neue Zwillingswiege wurde von Annette Wulf vom Zwillingsshop www.zwillingsburg.de gefunden, als sie auf der Messe Kind + Jugend in Köln unterwegs war, um neue Produkte für ihren Shop und unseren Ausstattungsratgeber zu finden.

Das Komplettset mit Gestell, Garnierung, Bettwäsche und Matratze kostet

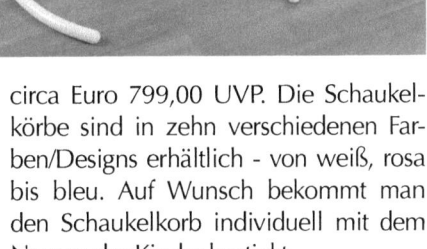

circa Euro 799,00 UVP. Die Schaukelkörbe sind in zehn verschiedenen Farben/Designs erhältlich - von weiß, rosa bis bleu. Auf Wunsch bekommt man den Schaukelkorb individuell mit dem Namen der Kinder bestickt.

Bei einer Bestellung über **www.zwillingsburg.de** kann man die Bettwäsche ohne Aufpreis entsprechend besticken lassen. Personalisierte Artikel können allerdings nicht zurückgegeben werden.

Schaukelkörbe für Zwillinge sind nicht nur praktisch, sie sind auch eine Augenweide. Mit den Namen der Babys versehen, sind sie auch ein schönes Geschenk ... Großeltern ran!

So entstand unser Zwillingsbuch

Nicht wenige Zwillingseltern werden kreativ, wenn es darum geht, die eigenen Erfahrungen aufzuschreiben. Auch die Zwillingsmütter Jannika und ihre Freundin Claudia wurden inspiriert, ein Kinderbuch zum Thema „gleich und doch nicht gleich" zu schreiben und zu illustrieren.

Die Idee fürs Buch kam ganz plötzlich. Wir saßen mit den Erzieherinnen unserer Kinder zusammen. Enna und Mina waren damals viereinhalb Jahre alt. Und wie es in Hamburg üblich ist, gab es zu diesem Zeitpunkt ein Entwicklungsgespräch - als Vorbereitung auf den anstehenden Termin in der Grundschule, den jedes Kind mit viereinhalb Jahren wahrnehmen muss.

Wir bekamen eine Art Bewertungsbogen, auf denen der Entwicklungsstand unserer Mädchen in sieben Kompetenzbereichen eingestuft wurde. Von der Ich- zur sozialen Kompetenz, bis hin zu verschiedensten Sachkompetenzen wie Gestalten, Sprechen, Lernen. Auf dem Bogen gab es 36 Kreuze, die an 180 verschiedenen Positionen gemacht werden konnten - je nach Entwicklungsstand im jeweiligen Kompetenzbereich. Betrachtet man es rein mathematisch, werden mit einer 0,1 Prozent hohen Wahrscheinlichkeit bei zwei Kindern alle 36 Kreuze an derselben Stelle gemacht.

Aber es ist nun einmal nicht reine Mathematik. Und so hielten wir zwei Bögen in der Hand, die identisch aussahen - bis auf den Namen unserer Kinder. Alle 36 Kreuze waren an derselben Stelle gemacht - egal, ob Enna und Mina in Kompetenzbereichen als „altersgemäß",

„schwach" oder „stark" eingestuft wurden. Alle 36 Kreuze waren auf beiden Bewertungsbögen haargenau gleich gesetzt. Das konnte doch gar nicht sein!

Zugegeben, unsere eineiigen Zwillinge ähneln sich in vielen Dingen. Aber sie sind doch nicht identisch! Enna kann sich unheimlich gut Sachen merken, selbst die kleinsten Details. Mina kann sich stundenlang - scheinbar mühelos - auf etwas konzentrieren.

In diesem Moment wurde uns klar: Egal wie engagiert die Erzieherinnen sind - und die Erzieherinnen in unserem Waldkindergarten waren wirklich sehr engagiert -, Enna und Mina würden immer in einen Topf geschmissen werden. Als eine Einheit betrachtet werden.

So fällten wir in diesem Augenblick die Entscheidung, die beiden in unterschiedliche Klassen einzuschulen. Und ich hatte noch eine Idee: ein Kinderbuch zu machen. Es sollte „Ich bin wie Du und doch ganz anders" heißen und genau darum gehen: dass eineiige Zwillinge sich zwar sehr ähneln, aber eben nicht identisch sind.

Seit der Geburt unserer Mädchen kannten wir eine andere Zwillingsmutter aus der Nachbarschaft. Ihre Jungs wurden knapp acht Wochen nach Enna und Mina geboren. In den ersten drei Lebens-

Mina (links) und Enna sind gleich und doch verschieden. Das fällt in vielen Situationen auf, die Jannika jetzt aufgeschrieben hat. Die Illustrationen stammen von Claudia, deren Zwillinge Noah und Paul (hier unten) mindestens ebenso viel Stoff für das Buch lieferten.

Dicke Freunde mitten in Hamburg - Noah und Paul (rechtes Foto) und Mina und Enna (Foto oben).

„Ich bin wie Du und doch ganz anders", Jannika Bock & Claudia Mächler, 19 Euro plus 2 Euro Versand. Bestellbar per E-mail an tvilling.books@gmail.com.

jahren sahen sich die vier Kinder jeden Wochentag, spielten zusammen (wir hatten davon in der Zeitschrift ZWILLINGE berichtet). Dann kamen sie in unterschiedliche Kindergärten, und Claudia, die befreundete Zwillingsmutter, ging auf die Kunsthochschule. Das passte! Ich hatte Journalismus studiert und mein Geld jahrelang mit dem Schreiben von Texten verdient. Claudia konnte wunderbar zeichnen, und nun lernte sie das Illustrieren im Fachstudium. Gemeinsam gingen wir das Projekt „Kinderbuch" an. Ich sollte den Text liefern, Claudia die Illustrationen. Neben Arbeit, Studium und Familie blieb aber nur wenig Zeit, um sich abzustimmen und eine Druckerei zu suchen. Dennoch schafften wir es irgendwie. Pünktlich zur Einschulung von Enna und Mina hielten wir die gedruckten Exemplare unseres

Buches in der Hand. Ein tolles Gefühl! Enna und Mina bekamen je ein Buch zur Einschulung. Sie konnten es kaum fassen: ein Buch von ihrer Mama, das von zwei Zwillingsmädchen handelt! Und auch Paul und Noah, die Zwillingsjungs von Claudia, freuten sich wahnsinnig. Sie hatten gerade die Vorschule begonnen. Auch ihre ältere Schwester Emma, inzwischen auf dem Gymnasium, war stolz auf ihre Mutter. Ein ganzes Bilderbuch, selbst illustriert!
Wir haben 50 Exemplare von „Ich bin wie Du und doch ganz anders" drucken

lassen. Claudia und ich würden uns sehr freuen, wenn noch mehr Zwillinge und Zwillingseltern Gefallen an dem Buch finden. Wir verkaufen es zu jeweils 19,00 Euro plus 2,00 Euro Versandkosten. Wir verdienen an dem Verkauf der Bücher nichts. Wir haben die Preise so gesetzt, dass sie die Druckkosten decken. Wenn Ihr ein Buch haben möchtet, schreibt bitte an tvilling.books@gmail.com. Wir senden Euch dann gern ein Exemplar zu! (Jannika Bock)

Enna (links) und Mina auf dem Weg in die Schule - in getrennten Klassen.

Verstopfte Babynasen: da hilft Nosiboo

Als der online-Händler TWINSWORLD im vergangenen Jahr einen Nasensauger zu verlosen hatte, meldeten sich zahlreiche Zwillings-eltern, die ihn haben wollten. Wir haben Lisa Ivanovski, die Inhaberin von www.twinsworld.de gefragt: Was ist denn daran so gut?

Hört sich eklig an - ein Sauger, der den Nasenschleim absaugt ... ist aber für viele Eltern *die Lösung* bei verschnupften Babys und Kleinkindern. Was macht ein Nasensauger genau? Wir haben Lisa gefragt:

„Der Nosiboo Pro ist ein elektrisches Medizinprodukt aus der Premium-Kategorie. Mit seiner Hilfe kann das aufgestaute Nasensekret äußerst schnell, effektiv und bequem aus der Kindernase entfernt werden. Der kinderfreundliche Nosiboo wurde anhand von Elternerfahrungen gestaltet. Er arbeitet mit der klinisch höchstzugelassenen Saugkraft und ist vom Säuglings- bis zum Kindesalter optimal auf das jeweilige Kind einstellbar.

Das Gerät kann nach dem Anschluss an das Stromnetz mit einem Knopfdruck eingeschaltet werden, sodass es mit der voreingestellten Leistung zu saugen beginnt. Nur der sogenannte Colibri-Kopf kommt mit der Kindernase in Berührung. Das abgesaugte Nasensekret wird von ihm komplett aufgefangen. Anschließend kann der Colibri-Kopf mit wenigen Handgriffen vom flexiblen Schlauch getrennt und gereinigt werden. Wichtig: der Nosiboo ver-

ursacht dank des patentierten elastischen Colibri-Kopfes keine Nasenschleimhaut-Irritation. Fazit: Mittels Nosiboo können Babynasen schnell und äußerst wirksam sauber gehalten werden.

Wir haben das Gerät selbst getestet und waren sehr positiv überrascht über die einfache Handhabung, die Effektivität und die Kinderfreundlichkeit.

Bei Youtube gibt es auch einige Anwendungsvideos." (Lisa Ivanovski)

Verlost wird der Nasensauger gerade nicht, aber man kann ihn kaufen. Erhältlich ist das Gerät in drei Farben: Pink, Blau, Grün.

Weitere Infos unter

www.twinsworld de

Wir lassen backen & basteln mit Keksen

Mit essbarer Dekoration und Motivkeksen kann man den Geburtstag von Zwillingen und Drillingen versüßen. Auf ihrem Keks-Blog hat die Keksfirma Hans Freitag schöne Ideen vorgestellt.

Eine gelungene Feier für Geburtstagskinder erfordert Kreativität und intensive Planung der Dekoration, der Aktivitäten sowie Speisen. Besonders die Unterhaltung spielt für Kinder eine große Rolle an ihrem Ehrentag. Das ist bei Zwillingen nicht anders.

Um den Spaßfaktor während der Feierlichkeiten zu garantieren, greifen Eltern tief in die Trickkiste. Knusprig-süße Desserts stehen bei Kindern hoch im Kurs und so eignen sich vor allem Kekse als leckerer Partysnack. Das Traditionsunternehmen Hans Freitag aus Verden hat jetzt Kekse entwickelt, die Geburtstagskinder und ihren Gästen noch mehr Spaß machen.

Das sagt die Geschäftsführerin Anita Freitag-Meyer: „Unsere köstliche Vielfalt bietet diverse Motivkekse, die für verschiedene Themen oder Spiele an Kindergeburtstagen einsetzbar sind. Emoji-Kekse, Likies bis hin zu den Tigerentenkeksen kommen als süße Überraschung bei den Kleinen an."

Und mit dem Knuspergebäck kann man auch super basteln. Wir zeigen Ihnen hier ein paar Ideen, die das Verdener Unternehmen auf seinem Keks-Blog veröffentlicht hat.

Likies Ahoi

- Papierschiffchen mit Servietten in maritimen Farben falten und anschließend ein weißes Holzstäbchen an der Spitze befestigen,

- einen dünnen, blauen Stoffstreifen um den Mast knoten,
- Likies von Hans Freitag an Bord und fertig ist ein kleines Serviettenschiffchen für eine leckere Tischdekoration.

Geburtstagsgast Nimmersatt

- Kaffee-Kränze von Hans Freitag und pinkfarbenen Zuckerguss aufeinanderschichten, sodass eine Keksraupe entsteht.
- Zum Schluss zwei Schokolinsen auf einen Hans Freitag-Keks aus der Mischung Day Dreams mit Guss befestigen,

- zwei Strohhalmhälften als Fühler obendrauf kleben und vorsichtig an die Raupe drücken.

So bauen sich die Geburtstagsgäste kinderleicht selbst eine essbare Raupe Nimmersatt.

Partyspaß mit Tigerenten

Auch das macht Spaß: Kinder können die Muffins selbst verzieren, beispielsweise mit Janosch's Tigerenten-Keksen. Ganz fix können die Kids ihren Lieblings-Motivkeks mit Zuckerguss an einem weißen Holzstiel befestigen und in den kleinen Kuchen hineinpieksen.

Einladungen mit Biss

Nicht nur als pfiffiges Topping bieten sich die Tigerenten in Teigform an, auch als Knusper-Effekt auf der Vorderseite von Einladungskarten. Drei Tigerenten in einer Reihe auf die Karte kleben - fertig ist die süße Einladung.

Sag es mit Keks

Eine kleine Wundertüte als Gastgeschenk zum Abschied darf nach den Feierlichkeiten nicht fehlen. Für diese kleine Nascherei gibt es von der Keksfabrik Hans Freitag praktische 20-Gramm-Minibeutel der Emoji Kekse.

Weitere Informationen und Knuspertrends unter www.hans-freitag. de und unter www.keksblog.com

Weitere Ideen finden Sie auch in unserem Buch „Zwillinge feiern Geburtstag", 16,99 Euro, ISBN 978-3-927058-45-3

Sören und Emil dick ein-gepackt ... so macht Winter Spaß!

Der Winter ist da! Viel Spaß im Schnee!

Leonie und Leon geben ihren letzten Schal für den ersten Weihnachtsmann (oben).

Links: Die Cracks David und Moses fahren den gan-zen Winter in den Schweizer Bergen Ski.

Janna (links) und Astrid sind diesmal unsere Titelmädchen. Unterscheiden könnt Ihr sie am Anorak.

Zu viert macht es noch mehr Spaß: (von hinten links) Christina, Thomas und die Zwillinge Christopher und Jannik.

Ein kaltes „Vergnügen" - die Zwillingsmädchen Emma und Lotta schmusen mit dem weißen Mann ...

Bei uns steht die Schuleinschreibung an

Auch bei Astrid und Janna schreitet die Entwicklung in Riesenschritten voran. Jetzt liegt die Aufforderung zur Schuleinschreibung im Briefkasten. Zeit, ein neues Terrain zu betreten.

Seit gestern ist das Thema Schule auch bei uns total offiziell und ausausweichbar. Denn die Schreiben zur Schülereinschreibung lagen im Postfach. Puh, da musste ich mal schlucken. Denn irgendwie ist das gefühlt noch gar nicht so lange her, dass ich mit Astrid und Janna noch schwanger war.

Von Freundinnen und Kolleginnen weiß ich, wie sanft oder auch hart der abrupte Übergang vom Kindergarten in die Schule für alle sein kann. Verschieben sich Termine in der Arbeit oder gibt es noch etwas Dringendes, das erledigt werden soll, gebe ich jetzt einfach im Betriebskindergarten Bescheid und gewinne noch etwas Zeit. Ohne Großeltern in der Nähe wird es künftig wohl die Nachmittagsbetreuung sein, mit der sich meine Töchter anfreunden werden müssen und ich mit dem, was schon viele Frauen vor mir gemacht haben: Den Stift auf die Minute genau fallen lassen und zur Schule hetzen.

Das Thema, wie Schule und Arbeit optimal organisiert werden können, darf ich noch ein wenig rausschieben. Die Schuleinschreibung nicht. Denn wir müssen einen Termin ausmachen und vorstellig werden.

Astrid hat die Schülereinschreibung gelassen aufgenommen. Obwohl sie mir immer wieder sagt, am liebsten für immer in den Kindergarten gehen zu wollen. Gleichzeitig findet sie es jedoch faszinierend, selbst lesen zu können.

Im Unterschied dazu äußerte Janna sogleich Ängste, das nicht zu können, was von ihr verlangt wird. Hallo Leistungsdruck! Das ist typisch Janna, auch wenn sie sonst die erste hoch oben am Klettergerüst ist. Das Mut machen und den Scheinwerfer auf die Fähigkeiten zu richten, zeigte Null Wirkung. Denn Janna stellte sich nur vor, was sie alles nicht können könnte. Auch meine Mama, die als Grundschullehrerin tätig war, konnte ihre Befürchtungen nicht zerstreuen.

Eine liebe Freundin hatte dann die Idee, ihren Sohn von seinen ganz frischen Erfahrungen als Erstklässler Janna erzählen zu lassen. Das finde ich gut, denn beide finden ihn cool. Und weil er selbst eine Leseratte ist, wird er bestimmt helfen können, dass sich auch bei Astrid ein wenig mehr Freude einstellt.

Außerdem zählt jetzt schon die Meinung der Gleichaltrigen - Freundinnen im speziellen - einen Tick mehr als die von Mama. Astrid und Janna diskutieren und verhandeln gerne und auch eloquent, sodass ich vermehrt energisch sagen muss: „Ich bin Eure Mama. Ihr macht das jetzt so, wie ich es sage" und mir ein „basta!" dazu denke. Doch wie lange hat mein Wort Gewicht? Zum Glück ist das Beziehungsband stark und stabil und ich behandle die beiden respekt- und liebevoll. Ganz anders kennen es leider viele Kinder und Jugendliche von zu Hause in meiner Arbeit, weshalb auch ich auch gut wieder mit dem Zweifeln aufhören kann. Zum Schluss möchte ich noch eine Anekdote erwähnen. Wir saßen im Auto und wurden ungünstig überholt. Ich sagte: „Schaut, das ist ein Egomane. Man kann auch

Astrid (links) und Janna werden im nächsten Jahr in die Schule kommen. Während Astrid lieber im Kindergarten bleiben möchte, sorgt sich Janna, dass sie den Anforderungen nicht gerecht werden könnte.

Egoist dazu sagen." Und Janna erwiderte ganz trocken: „Man kann auch Trottel dazu sagen". Tja so viel zum Versuch, vor dem Eintritt in die Schule den Wortschatz um sinnvolle Wörter zu erweitern. (Sigrun Eder)

Ein Erzählbuch: Weg mit den Windpocken

„Wilma und die Windpocken" ist ein Bilder-Erzählbuch für Kinder, die gerade Windpocken haben oder mehr darüber wissen wollen. Zahlreiche Mit-Mach-Seiten helfen dabei, die juckende Zeit besser zu überstehen. Im medizinischen Nachwort informiert die Ärztin Dr. med. Ute Taschner Eltern über das Erscheinungsbild und die richtige Behandlung dieser typischen Kinderkrankheit.

Band 17 der Kindersachbuchreihe „SOWAS!" von Psychologin Sigrun Eder (www.sowas-buch.de).

Verlag edition riedenburg
www.editionriedenburg.at
ISBN 978-3-903085-88-6
14,90 Euro

Für Vögel im Winter: Schrumpfköpfe bas-

Wieder einmal hat Zwillingsmutter Katrin eine prima Idee gehabt, wie sie ihre Zwillinge Felix und Malte und Tochter Christina beschäftigen kann. Das Buch „Naturabenteuer für Kinder" hält einen Fundus an guten Ideen bereit. Diesmal basteln wir „Schrumpfköpfe".

Eins meiner Lieblingsbücher ist: „Natur Abenteuer für Kinder" aus dem GU Verlag von Harald Harazim und Renate Hudak. Es kostet 19,99 €. Aber das ist es auch wert. Aus diesem Buch habe ich schon viele Ideen mit meinen Kindern nachgemacht. Diesmal haben wir „Schrumpfköpfe" gebastelt.

Beliebtes Vogelfutter für die Winterzeit sind für Amseln und Drosseln Äpfel. Das können wir bestätigen. Einfach einen Apfel schälen, Kerben für Augen, Mund und Nase einschneiden und mit Kürbiskernen, Linsen, Erbsen, Rosinen, Reis und getrockneten Früchten Gesichter gestalten. Mit Zahnstochern fixieren oder Spagetti als Haare nehmen. Schmeckt den Vögeln und sieht auch noch lustig aus!

Einen Tag lang die Schrumpfköpfe drinnen etwas trocknen und dann nach draußen stellen. Wir haben chinesische Ess-Stäbchen als Stecken benutzt. Die Kinder waren sehr kreativ in ihren Ideen und die Vögel haben es ihnen gedankt und schon nach einigen Tagen alles aufgepickt.

Viel Spaß beim Nachmachen!

Lieben Gruß Christina, Malte, Felix und Katrin O.

Das ist ja mal eine witzige Idee. Da macht Kindern das Basteln Spaß und den Vögeln das Fressen. Wenn ich nicht gerade jetzt die Zeitschrift ZWILLINGE fertig machen müsste - würde ich das auch ausprobieren.

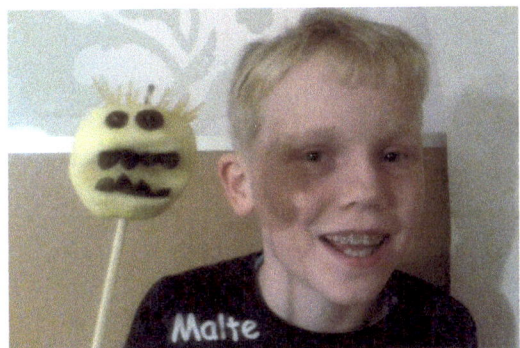

Drei der vier Kinder haben
Schrumpfköpfe für hungrige
Vögel gebastelt.
Ganz oben zeigt Christina
ihren Kopf mit Bürstenhaar-
schnitt stolz her. Felix hat
einen Kopf mit Segelohren
gebastelt und Zwillingsbruder
Malte war die doppelte
Kauleiste des Schrumpf-
kopfes wichtig.

....

Das nächste Heft erscheint
Ende März. Eure Ideen könnt
Ihr bis Ende Februar einrei-
chen. *info@twins.de*

Mein Weg zur Familienberaterin

Zwillingsmutter Carola Meißner, deren Zwillinge (ein Pärchen) längst erwachsen sind, hat ihre Berufung darin gefunden, andere Eltern zu coachen. Zu ihren Spezialthemen gehört das Familienleben mit Zwillingen, aber auch Schlaftraining und der Umgang mit Schreibabys.

Mein Weg zur Familienberaterin - zuerst die Praxis, dann das Studium und jetzt in die Selbständigkeit.

Dass Zwillinge süß sind, aber viel Arbeit machen, brauche ich Ihnen nicht zu erzählen. Sie wissen es aus Erfahrung. Zwei Babys, beziehungsweise Kinder im gleichen Alter zu haben, ist einfach anders. Zum einen gestalten sich die „normalen" Alltagsprobleme häufig ein bisschen komplizierter. Die Kinderbetreuung ist ein gutes Beispiel dafür. Ein Kind ist schnell bei der Oma oder bei einer Freundin untergebracht, wogegen sich die Aufsicht von zweien viele nicht zutrauen.

Zum anderen kommen die zwillingsspezifischen Probleme hinzu: Wie stille ich Zwillinge? Wie verteile ich meine Aufmerksamkeit? Sollen die Kinder die gleichen Anziehsachen tragen? Und, und, und.

Viele Eltern sind verunsichert.

Viele Eltern sind heute verunsichert. Sie hören zu wenig auf das eigene Bauchgefühl und lassen sich von Bekannten, Verwandten, Freunden oder auch der Werbung beeinflussen.

Meine Zwillinge sind 1990 geboren, als sie klein waren, habe ich mich mit der Beantwortung vieler Fragen häufig alleine gefühlt. Das eine oder andere Problem hätte viel-

leicht schneller oder besser gelöst werden können, wenn ich Unterstützung gehabt hätte. Diese möchte ich Ihnen heute anbieten.

Ursprünglich habe ich einen Beruf der Meteorologie gelernt. Über 20 Jahre bestand mein Job darin, in diesem Bereich zu beraten und junge Menschen während der Ausbildung zu begleiten. Ich habe die Meteorologie in Grundschulen zum Thema gemacht. Die Arbeit mit Kindern und Jugendlichen hat mir immer besonders viel Freude bereitet. Nebenbei kümmerte ich mich auch um Jugendliche, die mit ihren Eltern nicht klar kamen, suchte zusammen mit dem Jugendamt nach Lösungen.

Als mein damaliger Arbeitgeber Stellen abbaute und mir klar wurde, dass auch ich bald davon betroffen sein könnte, stand für mich fest: Ich wollte mein Wissen über Familien, Zwillinge, Kinder und Jugendliche auf wissenschaftliche Füße stellen. Ich studierte „Pädagogik der Kindheit und Familienbildung" an der FH Düsseldorf in regulärer Zeit.

Nach Abschluss des Studiums arbeitete ich zunächst im Kindergarten und beim Kinderschutzbund, um Familien mit Problemen zu betreuen. Zudem bot ich Beratungen zum Umgangs- und Aufenthaltsrecht sowie zum Sorgerecht für Väter bei Trennungen an. Anfang 2017 wagte ich den Sprung in die

Selbstständigkeit und gründete eine eigene, unabhängige Familienberatung. Zudem machte ich einen Trainerschein, um zukünftig auch Sport mit Eltern und Kindern anbieten zu können.

Zu meinen Spezialthemen gehören neben dem Familienleben mit Zwillingen auch das Schlafcoaching für Babys und Kleinkinder sowie der Umgang mit Schreibabys. Beim Schlafcoaching geht es darum, zusammen mit dem Kind oder den Kindern einen gesunden, angenehmen Schlafrhythmus zu finden. Beim Umgang mit Schreibabys steht zunächst die Ursachenforschung im Vordergrund, bevor mit sanften Maßnahmen positive Veränderungen vorgenommen werden. Jede Beratung wird auf die jeweiligen persönlichen Bedürfnisse abgestimmt, denn für das Familienleben gibt es kein Patentrezept, sondern nur individuelle Lösungen.

Eltern sind nicht perfekt, sie dürfen auch Fehler machen. Leider können Fehler zum Problem werden und das Zusammenleben in der Familie belasten. Nehmen Sie deshalb in einer solchen Situation Hilfe von außen an. Dadurch haben Eltern nicht versagt,

Zwillingsmutter Carol Meißner

sie bekommen lediglich die Unterstützung, die bei den vielfältigen Aufgaben manchmal notwendig ist. (Carola Meißner)

Weitere Informationen unter
- www.familienberatung-meissner.de
- Telefon 0171-8300 932.

FAMILIENBERATUNG MIT HERZ UND VERSTAND

Berufstätigkeit & Zwillinge? Erfahrungen

Svenja F. wollte gern wieder in ihrem Beruf einsteigen - am besten in das bisherige Umfeld. Größtes Problem ist bei der Rückkehr ins Arbeitsleben immer, wie man die Zwillinge gut unterbringt. Und so hat es bei Svenja geklappt.

Jetzt, nach fast zwei Monaten, klappt alles wieder gut. Ich kriege jetzt wieder alles besser organisiert.

In der Arbeit habe ich eine tolle Chefin, die mich nicht wie „typisch Mutti" behandelt, sondern mir einfach meinen alten Job wieder gegeben hat, nur mit weniger Stunden. Da war ich auch sehr froh und meine Kolleginnen („meine Mädels") haben mich ganz toll wieder aufgenommen.

Der erste Monat war sehr chaotisch bei uns zu Hause. Alles unter einen Hut zu bekommen, war für mich echt schwierig. Ich bin normalerweise sehr organisiert, aber da ging alles drunter und drüber und ich hatte schon mit der Umstellung zu kämpfen.

Die Mäuse haben die Eingewöhnung in die Kindertagesstätte prima mitgemacht. Dreieinhalb Wochen dauerte das, ab da waren sie die komplette Zeit in der KiTa inklusive aller Mahlzeiten und Mittagsschlaf.

Sie gehen von morgens 7:30 bis 14.00 Uhr in die KiTa und sie lieben es. Sie fügen sich gut in die Gruppe ein. Sie sind interessiert an allem und haben Spaß.

Da geht man als Mama mit sehr ruhigem Gefühl zur Arbeit. Ich muss aber auch sagen, wir haben eine tolle KiTa und die beiden Haupterzieherinnen sind zwei absolute Schätze. Einfühlsam und liebevoll. Wenn ich die beiden für zu Hause adoptieren könnte, würde ich es tun ;-))

Das einzige, was manchmal noch etwas schwierig ist, ist, dass sie nachmittags oft von allen Eindrücken überreizt sind. Sie sind dann quengelig und schnell ungeduldig. Hauptsächlich tun sie mir da allerdings leid, denn eine Entwicklung jagt die nächste, die beiden haben schon so viel dazu gelernt und täglich überraschen sie uns mit etwas Neuem.

Das muss ja auch irgendwie verarbeitet werden und vor allem müssen sich ja auch irgendwo „reiben" dürfen und da sind mein Mann und ich ja nunmal „der sichere Hafen" ...

Auch wenn es einige Tage echt in sich haben, ist bei uns alles in allem in Ordnung und wir haben einen neuen gemeinsamen Rhythmus gefunden.

Wir haben auch zum Glück viel Unterstützung von meinen Eltern und von meiner Schwiegermama. Allerdings können wir betreuungstechnisch darauf leider nicht zurückgreifen. Meine Eltern sind beide noch berufstätig und meine Schwiegermama hat ganz starke Probleme mit dem Rücken und den Schultern und hatte diesbezüglich schon viele Operationen. Daher ist es für sie körperlich nicht möglich, beide Kinder zu betreuen.

Was allerdings total prima ist, meine Eltern und meine Schwiegermutter verstehen sich prima. Es gibt keinen „Oma-Konkurenz-

Lennart (vorne) und Erik (hinten) haben sich toll in die Kindertagesstätte eingewöhnt. So ist ihre Mutter Svenja beruhigt, wenn sie sie dort lässt, um in ihre Arbeit zu gehen. Die Betreuerinnen sind einfühlsam und lieb - man müsste sie eigentlich „adoptieren".

kampf". Daher haben die Zwerge einen innigen Draht zu beiden Omas und Opa ist sowieso der Held ;-))
Ich war anfangs überhaupt kein Fan von Krippen. Tagesmutterplätze sind in Lübeck aber leider rar und gute Tagesmütter sowieso. Ich habe da teilweise Horrorgeschichten gehört ... wie auch von einigen Krippen.
Unsere KiTa war dann tatsächlich ein Zufallstreffer. Ich hatte unsere Zwillinge in sage und schreibe 13 KiTas angemeldet! Und das nur 2,5 Wochen nach der Geburt. Letzten Winter trudelte die Absage von meiner Wunsch-KiTa ein. Dann habe ich meine Liste abtelefoniert und nach der fünften Absage habe ich erstmal geheult, weil ich nicht wusste, was nun werden soll. Nach der achten Absage hatte ich genug Wut im Bauch, um bei der Stadt anzurufen und die äußerst unhöfliche Dame zu fragen, wie die noch behaupten können, dass jedes Kind einen Betreuungsplatz bekommt, aber ich für meine Zwillinge nicht und warum ich mir von jeder KiTa anhören muss, ich sei erstens auf der Warteliste zu weit unten (knapp zwei Jahre vor Betreuungsbeginn wohlgemerkt) oder zweitens, dass das Verhältnis zwischen Jungen und Mädchen ausgeglichen sein muss. (So ein Quatsch, raten Sie mal, was für Chancen ich bei zwei Jungs bei so einer Begründung habe?!). Das einzige Argument, das für mich wirklich zählte, war drittens, dass Geschwisterkinder von bereits in der jeweiligen Einrichtung betreuten Kindern Vorrang haben ... (Ok, ich würde auch nicht kreuz und quer durch die Stadt tingeln wollen, um alle Kinder in Krippen zu bringen.)
Naja, wie dem auch sei, dann bot die Dame mir einen Platz in Herrnwyk an. Sie sagte wörtlich: „Herrnwyk kommt für Sie ja wohl nicht in Frage, das ist Ihnen garantiert zu weit weg". Pustekuchen - Herrnwyk war perfekt! Mein Mann arbeitet fünf Minuten von der empfohlenen KiTa weg. Bingo! Nur ... dass ich da vorher nicht drauf gekommen bin? Ich hab' da gleich angerufen. Habe ein ganz tolles Telefonat geführt. Besichtigung war eine Woche später. Die Kinder sind gleich zum Spielen verschwunden und wurden von zwei super süßen Mädels betüddelt. Da wussten wir, *das ist es*. Hier fühlen wir uns alle wohl. Und unser Gefühl war richtig.

(Svenja F.)

Passende Betreuung für Zwillinge finden

Die meisten Zwillingsmütter müssen (und wollen) recht bald wieder in den Beruf einsteigen. Doch wie finden wir eine gute Betreuung für unseren Nachwuchs? Katrin Ribbeck hat die gängigsten Betreuungsmöglichkeiten zusammen gestellt.

Viele Mütter möchten heute wieder arbeiten gehen, wenn die Zwillinge aus „dem Gröbsten raus sind" ... wie es so schön heißt. Und das sind sie - nach Meinung vieler Mütter - wenn sie das erste Jahr hinter sich haben. Jetzt wäre es Zeit, eine Kindertagestätte zu finden und die Betreuung der Kinder - wenigstens stundenweise - anderen zu überlassen.
Aber: Es ist utopisch, zu glauben, man würde so einfach eine KiTa finden. Jeder, der ernsthaft vorhat, die Zwillinge fremdbetreuen zu lassen, tut gut daran, spätestens nach der Geburt eine solche Einrichtung zu finden und die Kinder dort anzumelden - siehe auch Svenjas Bericht auf den vorhergehenden Seiten.

Die meisten Mütter müssen heute recht bald wieder arbeiten gehen.

Von der Qualität der Fremdbetreuung will ich gar nicht schreiben ... ich persönlich würde es immer vorziehen, meine Kinder nicht zu früh in eine solche Einrichtung geben zu müssen. Aber - da liegt der Hase im Pfeffer: die meisten Mütter **müssen** heute zum Familieneinkommen etwas beisteuern, von der teuren Ausbildung, die sie vielleicht hinter sich haben und die nicht umsonst gewesen sein soll, ganz zu schweigen.

Katrin Ribbeck von der Agentur Textnet hat die wichtigsten Punkte zum Thema zusammengestellt:

Laut Kinderförderungsgesetz (KiföG) hat jedes Kind einen Rechtsanspruch auf frühkindliche Förderung in einer Tageseinrichtung, zum Beispiel im Kindergarten oder in der Kindertagespflege - und zwar bereits vor dem vollendeten ersten Lebensjahr.
Dies ist eine große Hilfe für Familien, insbesondere für Mütter, die frühzeitig wieder in den Beruf zurückkehren wollen oder müssen. Häufig ist es eine Frage des Geldes, wann dieser Zeitpunkt gekommen ist, ebenso wie die Art der Betreuung, für die sich die Eltern entscheiden.
In der **Krippe** oder im **Kindergarten** trifft der Nachwuchs auf gleichaltrige Spielgefährten, wodurch das Sozialverhalten der außer Haus betreuten Kinder gefördert wird. Bei Kindern unter drei Jahren sind die Gruppen meist verhältnismäßig klein und werden von ausgebildeten Erziehern beaufsichtigt. Ein pädagogisch geplanter und strukturierter Tagesablauf mit festen Ritualen erleichtert die Betreuung und fördert die Entwicklung.
Die festen Betreuungszeiten der Einrichtungen sind für viele Eltern aber eher ein

Nachteil: Demnach müssen die Arbeits- und Urlaubszeiten der Eltern angepasst werden.

Darum sind *Tagesmütter* eine gute Alternative, denn mit ihnen lassen sich Änderungen der Unterbringungszeiten in der Regel leichter abstimmen. Tagesmütter betreuen in ihrem Haus oder in ihrer Wohnung bis zu fünf Kinder.

Wichtig: Sobald die Betreuungskraft mehr als drei Kinder beaufsichtigt, muss in jedem Fall eine Pflegeerlaubnis vom Jugendamt vorliegen.

Von einer *Kinderfrau* spricht man, wenn die Betreuungsperson in den eigenen Haushalt kommt. Das kann insbesondere dann hilfreich sein, wenn die Eltern ihre Kinder in gewohnter Umgebung wissen möchten, denn sie kommt nach Bedarf ins Elternhaus. Diese Lösung würde ich (Marion von Gratkowski) auf jeden Fall bevorzugen. Aber: hier kommen die Kosten ins Spiel. Eine Kinderfrau für die Fremdbetreuung zu Hause muss man sich leisten können.

Die Betreuungskosten.

Die *Kosten* für einen *Kindergarten- bzw. Krippenplatz* schwanken und liegen je nach Stadt, Gemeinde und Betreuungsumfang bei monatlich bis zu 500 Euro. Zusätzlich können im Monat noch bis zu 60 Euro für Verpflegung und sonstige Kinderartikel anfallen. Wohlgemerkt für 1 Kind. Eventuell gibt es Zwillingsrabatt.

Tagesmütter und Kinderfrauen bekommen pro Stunde zwischen sechs und zehn Euro. Eine Kinderfrau rechnet sich vor allem dann, wenn mehrere Kinder zu Hause betreut werden.

Übrigens gibt es immer öfter auch Arbeitgeber, die Familienfreundlichkeit groß schreiben und ihren Mitarbeitern Unterstützung bei der Kinderbetreuung anbieten. „Im Idealfall gibt es im Unternehmen eine betriebseigene Einrichtung, in der die Kinder untergebracht werden", so Petra Timm, Unternehmenssprecherin beim Personaldienstleister Randstad Deutschland. „Ab einer bestimmten Betriebsgröße lohnt sich der *firmeneigene Kindergarten*. Und Frauen, die ihre Kinder gut betreut wissen, können schneller und flexibler an den Arbeitsplatz zurückkehren. Davon profitiert auch das Unternehmen - und es wirkt langfristig dem drohenden Fachkräftemangel entgegen."

Ehrlich gesagt, das wäre auch eine Lösung, der ich zustimmen könnte. Und ich weiß, wovon ich spreche. Als meine eigenen Zwillinge damals betreut werden mussten, habe ich ein sehr fragiles Netz aus Betreuungsmöglichkeiten gesponnen, um überhaupt wieder halbtags arbeiten gehen zu können: Meine Mutter übernahm den Mittwoch komplett, mein Mann hatte Schichtdienst in der IT und legte seine Spätschichten auf Donnerstag und Freitag, so war er vormittags bei den Kindern. Donnerstag Nachmittag schob Gaby, eine 17jährige Schülerin Dienst, Freitag kam ich bereits mittags nach Hause. Glücklicherweise ist nur ein einziges Mal meine Mutter ausgefallen, die auf Glatteis einen Unfall gebaut hatte.

Es wird Zeit, dass sich für Familien etwas ändert. Wir sind zwar ein unpolitisches Magazin, aber diese Forderung werde ich immer wieder öffentlich äußern. Denn Kinder sind unsere Zukunft und es kann nicht sein, dass Eltern (Mütter) händeringend nach Betreuungslösungen suchen müssen.

Weitere Informationen für Eltern

Weitere Informationen zu den Betreuungsmöglichkeiten von Kindern sowie zur finanziellen Förderung bekommen Eltern auch beim zuständigen Jugendamt und unter **www.familien-wegweiser.de**.

Kindergarten & Schule - gemeinsam oder getrennt besuchen?

Sarah Schönweitz ist selbst kein Zwilling. Die Studentin der Sozial-wissenschaften war allerdings so fasziniert von Zwillingen und deren Identitäsfindung, dass sie ihre Doktorarbeit diesem Phänomen ge-widmet hat. Sie stellt uns ihre Erkenntnisse zur Verfügung.

Im Gegensatz zu Eltern einzeln geborener Kinder, sehen sich Eltern von Mehrlingen mit dem Eintritt ihrer Kinder in den Kindergarten - spätestens jedoch mit dem Beginn der Beschulung - zusätzlich mit der Frage konfrontiert, ob diese gemeinsam oder getrennt erfolgen soll.

Auch wenn sich einige LeserInnen an dieser Stelle womöglich eine klare Antwort auf diese Frage erhoffen, muss doch gesagt werden, dass auch die Wissenschaft keine pauschale Empfehlung geben kann. Der vorliegende Beitrag soll vielmehr verschiedene Aspekte des Für und Wider beleuchten und so die individuelle Entscheidungsfindung (im optimalen Fall) erleichtern oder eine bereits getroffene Entscheidung hinterfragen.

Ein Blick in Erziehungsratgeber für Eltern von Mehrlingen zeigt, dass diese meist von betroffenen Eltern geschrieben sind. Ratgeber, die jedoch von Zwillingen selbst verfasst wurden sind mir - zumindest bislang - nicht bekannt. Dabei sind es bei genauer Überlegung doch gerade die Erfahrungen von Mehrlingen selbst, die als Hilfestellung für Eltern von Mehrlingen dienen können, die sich mit den vielfältigen Anforderungen diesbezüglich konfrontiert sehen.

Aus diesem Grund werden im vorliegen-den Beitrag auch einige Zwillinge zu Wort kommen, die im Rahmen meiner Doktor-arbeit interviewt wurden. Die Namen der Teilnehmerinnen wurden anonymisiert und ihre Äußerungen für eine bessere Lesbarkeit sprachlich leicht angepasst.

Beim Blick in das Interviewmaterial fällt auf, dass fast alle der teilnehmenden Frauen eine (zumindest temporäre) Trennung während des Besuchs unterschiedlicher Bildungsin-stitutionen erlebt haben. Ein durchgehend gemeinsamer Besuch, quasi vom ersten Kindergartentag bis zum Schulabschluss, stellt eher eine Ausnahme dar.

Kindergarten - Trennung eröffnet Möglichkeiten.

Der Kindergarten bietet Mehrlingen - sofern sie keine weiteren Geschwister haben - die Möglichkeit, regelmäßig und über längere Zeit mit gleichaltrigen Kindern in Kontakt zu kommen und im Kontext gleichberechtigter Beziehungen zu erlernen und zu erfahren, wie sich Konflikte mit Kindern aus anderen Familien gestalten und wie sie gelöst werden (können). Bis zu diesem Zeitpunkt sammeln Mehrlinge derartige Erfahrungen zumeist überwiegend unter sich. Darüber hinaus bietet der Kindergarten einen Kontext, in dem die Mehrlinge unabhängig von ihren Geschwistern eigene Freundschaften knüpfen und so eine Wahrnehmung und Wertschätzung als Individuum erfahren können. Der Besuch eines Kindergartens bietet demnach viele Vorteile.

Lisa, die im Kindergarten eine andere Gruppe als ihre Schwester besuchte, erzählt, wie sie diese erste Trennung empfand:

Lisa: Am Anfang fand ich die Trennung ziemlich Kacke und ich glaube, als die uns das gesagt haben, habe ich auch geweint. [lacht] Also ich kann mich noch so daran erinnern, da waren wir am ersten Tag dort und jeder sollte gucken, auf welcher Liste man steht und da standen wir halt auf getrennten Listen und dann war das halt erst so wahr und dann wollte ich eigentlich auch gar nicht mehr da hin, das fand ich dann voll doof. (LISA, 16 Jahre alt)

Im weiteren Verlauf des Interviews erzählt sie, dass beide Schwestern es jedoch schaffen, unabhängig voneinander Freundschaften zu knüpfen, die auch während der Schulzeit andauern und die den Schwestern über die Trennung hinweg helfen. Rückblickend empfindet Lisa die Trennung sogar als vorteilhaft:

Sarah Schönweitz: Wenn Du es aus heutiger Perspektive betrachtest, würdest Du sagen, die Trennung war gut oder wäre es vielleicht doch besser gewesen, zusammen zu bleiben?

Lisa: Nee, also die Trennung hat uns ja so gesehen jetzt nicht geschadet, es war halt nur so, dass wir halt selbstständiger werden sollten, weil wir ja immer alles nur zusammen gemacht haben und wir hingen auch immer aneinander und vielleicht wären wir jetzt nicht getrennt worden, würden wir heute halt beide das Gleiche auch machen oder auch so die selben Anziehsachen oder sowas tragen, aber das ist jetzt ja nicht mehr und eigentlich ist das ja auch gut so, dass wir beide uns so unterscheiden jetzt. (LISA, 16 Jahre alt)

Zudem zeigt sich, dass Kinder über die Kompetenz verfügen, dieses „Problem" bei Bedarf eigenständig zu lösen, worin sich erkennen lässt, dass nicht immer die Hilfe Erwachsener nötig ist:

Sophie, die Zwillingsschwester: … also wir haben dann immer was in den Pausen zusammen gemacht und hatten uns ja auch noch am Rest des Tages und dann ging das gut. (SOPHIE, 16 Jahre alt)

Schulbesuch - Entscheidung ist nicht in Stein gemeißelt!

Unabhängig davon, ob die Mehrlinge bereits gemeinsam oder getrennt einen Kindergarten besucht haben, stellt sich mit der Anmeldung zur Einschulung die Frage nach einer gemeinsamen oder getrennten Beschulung. Sofern die Kinder zuvor einen Kindergarten besucht haben, bietet sich ein Gespräch mit den ErzieherInnen an. Diese kennen die Kinder in der Regel sehr gut und können einschätzen, ob Ihre Kinder mehr von einem getrennten oder gemeinsamen Schulbesuch profitieren. Auch ein Gespräch mit Lehrkräften der zukünftigen Grundschule kann der Entscheidungsfindung dienlich sein. Hat man dort bereits Erfahrungen mit Mehrlingen gemacht? Wozu raten die Lehrkräfte?
Häufig scheinen es (auch) praktische Überlegungen zu sein, die Eltern dazu bewegen, sich für eine gemeinsame Beschulung zu entscheiden: Elternabende und -sprechta-

ge gestalten sich möglicherweise einfacher und ist eines der Mehrlingskinder erkrankt, können die Geschwister über den versäumten Lernstoff informieren. An dieser Stelle sei darauf hingewiesen, dass einzeln geborene Kinder im zweiten Fall einfach ihre KlassenkameradInnen anrufen und so die Informationen ebenfalls erhalten.

Nicht von der Hand zu weisen ist jedoch die emotionale Unterstützung, die sich manche Mehrlinge gegenseitig bieten. So erzählt Filipa von der emotionalen Unterstützung, die ihre Zwillingsschwester ihr nach einem Umzug während der Grundschulzeit bietet:

Filipa: … und dann sind wir nach der zweiten Klasse umgezogen nach Spangenstädt, weil wir haben vorher in Blumenau gewohnt und da war ich zumindest so, glaube ich, 'n bisschen verunsichert und dann wollte ich lieber mit meiner Schwester in eine Klasse gehen, weil ich hatte ja dann meine ganzen Freunde nicht mehr [lacht leicht] und so und kannte auch keinen und dann sind wir in der dritten und vierten Klasse zusammen in eine Klasse gegangen (FILIPA, 17 Jahre alt)

Überlegen Sie jedoch, ob sich Ihre Kinder nicht auch außerhalb des schulischen Kontextes (zum Beispiel zu Hause oder auch bei Aktivitäten im Verein) ausreichend Unterstützung bieten können. Da auch einzeln geborene Kinder nach einem Schulwechsel Kontakt zu den neuen MitschülerInnen knüpfen müssen, ist zu überlegen, ob Ihre Kinder sich zwingend gegenseitig brauchen. Als Eltern sollten Sie in ihre Entscheidungsfindung auch stets die Überlegung einbeziehen, dass eine gemeinsame Beschulung nicht nur Vorteile, sondern möglicherweise auch Nachteile mit sich bringen kann. So erzählen mehrere Interviewteilnehmerinnen von einer unfairen Benotung, die durch den gemeinsamen Besuch einer Klasse auftritt:

Lisa: … ja früher war das oft so, dass die Lehrer gesagt haben: „Ja, beide kriegen eine zwei" oder: „Beide kriegen eine drei", obwohl meine Schwester manchmal besser war und ich manchmal besser, dass man halt schon irgendwie unterschiedliche Noten hätte geben können (LISA, 16 Jahre alt)

Aber auch eine individuelle Benotung kann Probleme mit sich bringen, nämlich dann, wenn die Kinder sich dadurch in einer Konkurrenz miteinander erleben. Einen Druck, der zu einer Konkurrenz führt, erlebt Juana sowohl im Elternhaus als auch in ihrem sozialen Umfeld. Sie erzählt:

Juana: … ich hab´ halt schon den Anreiz, ungefähr gleich gut wie meine Schwester zu sein und wenn das dann halt mal nicht klappt, dann merke ich auch, dass meine Eltern da so 'n bisschen enttäuscht sind und dann, ja, werde ich halt auch so 'n bisschen enttäuscht von mir und dann ist das so 'n bisschen so wie so ein Kreislauf. … Also meine Eltern lassen sich das zwar nicht so anmerken, aber jetzt so in Klausuren oder so, wenn meine Schwester dann mal so die fünfzehn Punkte mit nach Hause bringt und ich nur neun Punkte, dann sagen sie: „Ja, ist ja beides gut", aber ich merke halt schon, dass sie meine Schwester/also klar, fünfzehn Punkte sind auch gut [lacht leicht] und so, aber ich denke schon, dass sie uns vergleichen und das mag ich dann halt nicht so. (JUANA, 17 Jahre alt)

Juana: Also ich hab´ das Gefühl, dass wenn wir in einem gleichen Kurs sind und wir uns dann/also man muss sich ja mündlich beteiligen und so und ja, dann habe ich halt immer das Gefühl, dass die Lehrer uns auch so vergleichen, besonders weil wir Zwillinge sind und dann sehen wir gleich aus und dann wollen die natürlich gucken, ob wir das gleiche können und dann, wenn die eine sich öfter meldet als die andere, dann verstehen die das immer nicht und dies und das. Und ja, bei einer Trennung müsste ich mich halt nicht so gezwungen fühlen, da so mitzumachen oder so. (JUANA, 17 Jahre alt)

Unabhängig davon, wie Sie sich entscheiden, sollten Sie immer im Hinterkopf behalten, dass Ihre Entscheidung nicht unwiderruflich ist. Sowohl eine gemeinsame Beschulung als auch eine Trennung in der Schule können nach Absprache mit Ihren Kindern und der Schulleitung in der Regel geändert werden. Ein Wechsel, beispielsweise während der Grundschulzeit, kann jedoch für die Kinder insofern eine Veränderung der Sozialkontakte bedeuten, als dass mindestens eines der Kinder den gewohnten Klassenverband verlässt. Es kann daher ratsam sein, bis zu einem ‚natürlichen' Schulwechsel (also durch den Übergang auf die weiterführende Schule oder bedingt durch einen Umzug) zu warten, da sich eine Veränderung zu diesem Zeitpunkt oftmals einfacher gestaltet. Sophie hat eine Veränderung der Beschulung nach einem Schulwechsel erlebt und erzählt:

Sophie: … und dann sind wir in die Grundschule gekommen und da waren wir auch in getrennten Klassen, weil das eine Jahr Trennung im Kindergarten war ja jetzt noch nicht so krass viel und ich glaub', am An-fang fand ich's noch cool, dass ich ohne meine Schwester war, aber am Ende hin, also nach der dritten und vierten Klasse so, da haben wir beide gesagt: „Wir wollen unbedingt wieder zusammen in eine Klasse" und in der fünften waren wir auch dann wieder zusammen. (SOPHIE, 16 Jahre alt)

Sowohl beim Übergang vom Kindergarten auf die Grundschule als auch beim Übergang von der Grund- auf die weiterführende Schule sollten Sie sich über die Zusammensetzung der zukünftigen Klasse informieren. Bleiben die Kindergartengruppen nahezu unverändert und bilden den künftigen Klassenverband oder wird noch einmal durchgemischt?

Ulrike, eine der ältesten Teilnehmerinnen der Studie, findet rückblickend deutliche Worte bezüglich der Beschulung von Zwillingen:

Ulrike: Wir wurden ab der fünften Klasse getrennt. Und ich denke, das war eigentlich auch ganz gut so. Also, das würde ich heute jedem, der Zwillinge hat, auch nur empfehlen, bloß nicht zusammen in eine Klasse, sondern wirklich getrennt. Damit die sich einfach auch entwickeln können. Sind ja sowieso oft genug zusammen. (ULRIKE, 51 Jahre alt)

Sarah Schönweitz: Wenn Sie selbst Zwillin-

Bücher zum Weiterlesen

Bestellbar bei uns unter www.twins.de und im Buchhandel (auch online-Buchhandel)

ge hätten, würden Sie die Kinder dann auch von Anfang an in der Schule trennen?

Ulrike: Ja! [lacht] Sofort! (ULRIKE, 51 Jahre alt)

Sofern keine Trennung bis zum Ende der Schulzeit erfolgt, erleben die Kinder eine erste Trennung voneinander mit Beginn der Ausbildung bzw. des Studiums. Die Teilnehmerinnen, die durchgehend gemeinsam beschult wurde, erzählen, dass sie diese Trennung anfänglich verunsicherte.

Kleidung - wichtig für die Wahmehmung als individuelle Persönlichkeit

Der Blick in das Interviewmaterial lässt zudem erkennen, dass Trennungen in Kindergarten und/oder Schule zumeist mit dem Wunsch der Eltern nach einer individuellen Entwicklung ihrer Töchter erklärt werden. Gleichzeitig wird aber auch deutlich, dass eine identische Kleidung sowie ähnliche Frisuren besonders bei eineiigen Mehrlingen, die gemeinsam beschult werden, die Wahrnehmung als individuelle Persönlichkeiten durch Lehrkräfte und MitschülerInnen erschwert, was sich - wie oben bereits dargelegt - auch auf die Benotung auswirken kann.

Welchen Einfluss hat das Geschlecht?

Im Kontext meiner Studie wurden ausschließlich weibliche Zwillingspaare interviewt. Dennoch kann davon ausgegangen werden, dass viele der Überlegungen auch auf männliche Mehrlingspaare übertragbar sind. Für gemischtgeschlechtliche Mehrlinge müssen hingegen wohl einige Überlegungen ergänzt werden: So haben diverse Studien gezeigt, dass die Entwicklung von Jungen und Mädchen phasenweise unterschiedlich

schnell verläuft. Eine getrennte Beschulung kann somit einer möglichen Konkurrenz bezüglich der Leistungen vorbeugen.

Wie können Sie nun eine Entscheidung treffen?

Wie bereits zu Beginn dargelegt, gibt es keine pauschale Antwort, ob Mehrlinge Bildungsinstitutionen gemeinsam oder getrennt besuchen sollten. Vielmehr sollen die folgenden Fragen dazu dienen, die Vor- und Nachteile zu beleuchten. Sofern Ihre Kinder alt genug sind, empfiehlt sich auch ein offenes Gespräch mit diesen – und zwar zu einem Zeitpunkt, zu dem noch keine Entscheidung Ihrerseits getroffen wurde.

Überlegen Sie sich:

• Was wünschen sich Ihre Kinder, sofern sie alt genug sind, diesbezüglich verlässliche Wünsche zu äußern?
• Vereinbaren Sie mit den Kindern (und ggf. mit Fachpersonal) die Möglichkeit, die gemeinsame oder getrennte Beschulung zu verändern. Überlegen Sie, zu welchem Zeitpunkt eine Veränderung geschehen könnte, falls sie notwendig wird. (Ein selbst aufgesetzter ‚Vertrag' zwischen Ihnen und Ihren Kindern kann diesen möglicherweise die Sicherheit bieten, dass nicht gegen ihre Wünsche entschieden wird.)
• Sie kennen Ihre Kinder am besten: Was sagt Ihr Bauchgefühl?
• Haben Sie mit Fachkräften (ErzieherInnen/ LehrerInnen / KinderärztInnen) gesprochen? Wie schätzen diese Ihre Kinder ein?
• Haben Sie die Möglichkeit, Ihren Kindern Trennungen beziehungsweise gemeinsame Zeit außerhalb der Institution zu ermöglichen (also bei gemeinsamer Beschulung für individuell verbrachte Freizeit zu sorgen oder bei getrennter Beschulung die Möglichkeit gemeinsamer Freizeitgestaltung zu bieten)?

•Wie groß ist die besuchte Institution? Gibt es die Möglichkeit, dass jedes Kind eine eigene Klasse beziehungsweise Gruppe besuchen könnte? Falls nein: Können sich Ihre Drillinge (Vierlinge etc.) vorstellen, dass einige Geschwister eine gemeinsame Klasse besuchen, während andere Geschwister alleine in eine andere Klasse gehen?

Wichtig ist, dass Sie Ihren Kindern die Entscheidung erklären, damit diese nicht willkürlich erscheint. Anna, die eine Trennung während der gesamten Schulzeit erlebte, benennt die Argumente ihrer Mutter für eine Trennung:

Anna: Also dann sind wir auf die weiterführende Schule gekommen, da wollten wir sogar eine Zeit lang in eine Klasse, aber da hat unsere Mutter eigentlich gesagt: „Nein, lasst das mal lieber, nicht, dass es Streit gibt. Außerdem ist es ja so, dass ihr wahrscheinlich immer verglichen werdet!" Unsere Mutter hat auch eine Zwillingsschwester, das ist dir wahrscheinlich nicht neu jetzt, ne? [lacht] Ähm, sie hat gesagt, wegen ihrer Erfahrung, weil sie mit ihrer Schwester in einer Klasse war, hat sie gesagt, das ist ihr nicht so gut bekommen und sie ist der Meinung, wir sollten lieber getrennte Klassen besuchen und deswegen sind wir dann auch in getrennte Klassen gekommen, hier auf ein Gymnasium. Fand ich nicht schlimm, so. Fand ich gut, weil da auch wieder jeder einen eigenen Freundeskreis hatte. (ANNA, 16 Jahre alt)

Auch wenn es selbstverständlich klingt, versuchen Sie nach bestem Gewissen eine Entscheidung für Ihre Kinder zu treffen. Ich wünsche Ihnen dabei viel Erfolg.

Sarah Schönweitz forscht mit Zwillingen

Zur Autorin: Sarah Schönweitz ist Sozialwissenschaftlerin (M.A.) sowie staatlich anerkannte Diplom-Sozialpädagogin und -Sozialarbeiterin. Seit 2012 promoviert sie an der Universität Kassel zu Identitätskonstruktionen und Identitätsbildungsprozessen weiblicher Zwillinge.

Sie sagt von sich: „Ich habe einen Master im Bereich der Biographieforschung und für meine damalige Abschlussarbeit ein Zwillingspaar interviewt. Selbst bin ich kein Zwilling, bin aber mit Zwillingen in der Nachbarschaft groß geworden. Dass meine Mutter die beiden Jungs bis heute nicht voneinander unterscheiden kann, verstehe ich noch immer nicht. Aber vielleicht liegt genau darin die Faszination.

Für meine Doktorarbeit habe ich inzwischen mit zweiundzwanzig Frauen Interviews geführt, also mit elf Zwillingspaaren. Die Gemeinsamkeiten und Unterschiede sind spannend und durch die Auswahl von Alterskohorten versuche ich, gesellschaftliche Veränderungen in den Biographien nachzeichnen zu können."

Kontakt: schoenweitz@uni-kassel.de
www.sozialwissenschaftliche-zwillingsforschung.de

Getrennte Einschulung für unterschiedliche Zwillinge?

Zwillingsmutter Maren D. hatte die ersten schwierigen Jahre hinter sich. Sie glaubte, das war's: Zwillingserziehung gemeistert. Doch jetzt ein neues Problem, mit dem niemand gerechnet hatte: Soll der Junge ein Jahr nach seiner Zwillingsschwester eingeschult werden?

Wir haben folgende Anfrage erhalten und möchten die Frage an Sie weiterreichen. Vielleicht hat schon jemand Erfahrungen und kann antworten:

„Wir waren mal Abonnenten Ihrer wunderbaren Zwillingszeitung. Wir waren den Themen aber gefühlt entwachsen und dachten, wir sind jetzt „gestandene" Zwillingseltern ;-), so dass wir das Abo haben auslaufen lassen. Jetzt haben wir ein Problem und möchten Sie um Rat und Ihre Meinung fragen.

Es geht darum, unsere Tochter nächstes Jahr einzuschulen und ihren Zwillingsbruder noch nicht. Sie sind im November 2011 geboren. Er ist besonders, man könnte sagen, er hat ADHS.

Wir als Eltern sind uns einig, das Mädchen in die Schule zu schicken und ihn ein Jahr später. Die Amtsärztin hat auch die Rückstellung empfohlen. Kindergarten und Schule sehen die Sache noch zögerlich und skeptisch.

Was können wir aus Ihrem Repertoire noch lesen oder wo uns informieren, um noch ein paar Argumente zu sammeln und auch wirklich eine ausgewogene Entscheidung zu treffen?"

Wir haben zu dieser Frage drei Antworten auf Facebook und per E-mail erhalten. Hier sind sie:

Schwierig ... aber wenn das Mädel soweit ist, sich im Kiga „langweilen" würde und der Bub das Jahr noch braucht ... würden Sie sowieso in zwei verschiedene Klassen einschulen? Dann ist es doch egal, ob auch in zwei verschiedenen Jahren. Wenn Sie beide jetzt einschulen, der Bub das nicht schafft und wieder zurück in den Kindergarten gehen muss oder die Klasse 1 noch einmal machen (muss), gibt das meiner Erfahrung nach mehr Tränen.

So kann man jedem Kind „verkaufen" - wir lieben Dich so, wie Du bist und wir fördern Dich so, wie es gut für Dich ist. (Andrea R.)

Vor dem gleichen Dilemma standen wir auch, allerdings haben wir zwei Jungen und sie waren bereits in der Schule. Bei einem stellte die Klassenlehrerin fest, dass er dem Unterricht nicht folgen konnte, also nicht schulreif ist.

Bei dem anderen, der sehr viel später sprechen gelernt hatte und auch logopä-

dische Behandlung gebraucht hatte, hätten wir das eher vermutet, aber da war sich die (andere) Klassenlehrerin nicht sicher, ob es nicht vielleicht besser wäre, ihn in der Schule zu belassen.

Ich bin von Pontius zu Pilatus gerannt, habe telefoniert, Gott und die Welt befragt und schließlich haben wir beide Kinder aus der Schule genommen und ihnen noch ein Jahr im Vorschulkindergarten gegeben.

Leider war dieser Kindergarten aufgrund seines Personals alles andere als kompetent und unsere Zwillinge fühlten sich dort nicht richtig wohl. In ihrem bisherigen Kindergarten wurde keine Vorschulgruppe angeboten und im „angesagtesten" Kindergarten unserer Kleinstadt waren bereis alle Plätze besetzt gewesen. Das Jahr ging herum und wir wagten den Neustart.

Bei Zwilling 1 haben wir es nicht bereut. Zwilling 2 tat sich schwer in der Schule und hat diesen Rückschritt am Anfang der Schulkarriere nicht so verwunden.

Fazit: Könnten wir noch einmal entscheiden, dann würden wir nur einen Sohn zurück in den Kindergarten getan haben. Oder vielleicht vorher mehr ein Auge darauf gehabt haben, wie schulreif unsere Söhne wirklich sind. (Bettina D.)

Ein Kind ein Jahr später einzuschulen wäre für uns undenkbar gewesen. Zwei verschiedene Klassen ja, aber nicht auf zwei Jahrgänge verteilt.

Das wäre für das „schwächere" Kind ein herber Schlag gewesen, nicht in die Schule gehen zu dürfen.

Und die erste Klasse ist relativ easy. Da muss man sich den Kids eben etwas mehr annehmen. Die wachsen so schnell mit ihrer Aufgabe. (Melanie R.)

Ihre Erfahrungen?

Wie immer ist das Thema hiermit nicht abgeschlossen. Wir freuen uns über Ihre Erfahrungen und Zuschriften an

info@twins.de

„Outer space" ... meine Reise nach California

Zwillingsmutter Diana R. war vor der Geburt ihrer vier Söhne (darunter Zwillinge) in der ganzen Welt unterwegs. Im letzten Heft hat sie uns an ihrem turbulenten Alltag mit Kindern teilhaben lassen. Jetzt hat sie sich mal ausgeklinkt und schickt uns einen tollen Reisebericht.

Outer Space - ich komme mir vor, als reiste ich ins Weltall.

13.20 Uhr: Ich sitze im Flieger und kämpfe mit den Tränen, während ich mir auf dem Handy die Bilder meiner Kinder anschaue. Ich bin auf dem Weg nach San Francisco, alleine, ohne Familie, 14 Tage nur für mich.

California Dreaming ...

San Francisco, eine Stadt mit der mich sehr viel verbindet. Unter anderem auch Tom und Ellen, ein wunderbares Paar die mir vor bald 17 Jahren ohne viel zu fragen ein Zimmer in ihrem hübschen viktorianischen Haus anboten.

Sie ließen mir damals alle Zeit der Welt, um herauszufinden, ob meine Fahrradreise, ich kam von Alaska, weiter in den Süden führen würde oder nicht. Und ich ließ mir Zeit, die Stadt bietet sich dafür bestens an, und flog erst nach zwei Monaten gemütlicher Selbstfindung nach Hause.

Die Freundschaft hat die Jahre mit gegenseitigen Besuchen gut überstanden. Wir sind alle älter geworden, Tom und Ellen feiern dieses Jahr ihren 80. Geburtstag, allemal Anlass für einen Besuch. Alleine. Glück pur!

Bis es dann nur noch eine Woche bis zur Abreise war. Und ich langsam aber sicher nervös wurde. He, das ist meine erste Reise alleine nach über 11 Jahren, ich bin außer Übung. Alles war schon längst organisiert, die erste Woche würde sich mein Mann um die Jungs kümmern, dann würden sie ein paar Tage verteilt auf die Großeltern und dann wäre wieder mein Mann dran.

Davors 7. Geburtstag war auch geplant, von den Geschenken bis zur Party - alles bereit. Das Wetter sah vielversprechend aus, Hochdruck war angesagt, so dass die Jungs viel draußen sein können, eine gute Voraussetzung, dass alle die „mamalose" Zeit überstehen würden.

In die Taschen für die Großeltern packte ich alles Notwendige, unter anderem Medikamente gegen Husten, Schnupfen und Fieber. Ein regelrechtes Survival Kit halt. Alles war bereit, Organisieren ist einer meiner Hauptkompetenzen, darin bin ich wirklich sehr, sehr gut.

Meine Gefühle spielen ein bisschen verrückt

Außer bei meinen Gefühlen, die waren plötzlich nicht mehr bereit für das große Abenteuer und fuhren plötzlich Achterbahn. Drei Tage vor der Abreise schrieb ich einer guten Freundin, die öfters

Früher war Reisen Dianas große Leidenschaft - jetzt sind es vier Jungs, darunter Zwillinge.

Einmal wieder nur den eigenen Rhythmus leben ...

Das sieht nach „großer Freiheit" aus ... und das war die Reise: Diana flog ganz allein nach Califonia, weil sie ihre vier Jungs in bester Obhut wusste.

Mann und Kinder zurücklässt und auf Reisen geht. Ihre Worte beruhigten, alles im grünen Bereich, das erste Mal ist am Schlimmsten, alles wird gut.

12 Stunden im Flieger, ohne Kinder, sind toll! Wirklich! Ich stand nur zweimal am Klo an und zwar für meine eigenen Bedürfnisse, konnte mein Essen in Ruhe genießen und ganz viele Filme völlig in Ruhe anschauen, und zwar Filme, die *ich* mochte. Und ich musste mich mit niemandem unterhalten. Langsam fühlte ich mich in die Reise ein.

Meine Reise - mein Rhythmus

Und dann war ich da, endlich! Tom holte mich am Flughafen ab und als wir in die Stadt fuhren, wurde ich immer aufgeregter. Ich konnte es kaum glauben, ich bin in San Francisco!!! Nur ich!! Auf Reisen so wie früher! 14 Tage, die ich verbringen konnte mit Dingen, die *ich* mochte. Keine Kompromisse.

5 am (5 Uhr früh also), ich bin hellwach, Jetlag! Was nun? Ich stehe auf, dusche, ziehe mich an, schnappe mir zwei Bananen, meinen Rucksack und mache mich auf Richtung Twin Peaks. Es dauert 45 Minuten, bis ich auf dem Aussichtshügel ankomme, immer wieder drehe ich mich um, mache Fotos von der funkelnden Stadt. Ich genieße die Stille, die Dunkelheit, die Ruhe, bevor der Tag anbricht. Es ist frisch, bis zum Sonnenaufgang dauert es noch, die Bewegung hält mich warm. Oben angekommen, genieße ich den Rundumblick, von Berkeley, über Oakland, Downtown bis zur Golden Gate Bridge. Die Dunkelheit lässt nach, die Morgendämmerung bricht an, die Lichtshow ist atemberaubend und wird von einem perfekten Sonnenaufgang gekrönt. Es ist erst 7 am, ich bin schon völlig erfüllt und mache mich beschwingt

auf den Weg zurück, freue mich auf den Kaffee im Starbucks.

Mein Rhythmus, meine Bedürfnisse und das nicht einfach nur für ein paar Stunden oder ein Wochenende. Es kommt mir utopisch vor und ich sauge alles gierig auf, erlebe sehr intensiv und komme mir so nahe wie schon seit Jahren nicht mehr. Ich liebe mein Leben, liebe meine Familie und möchte nicht tauschen, um keinen Preis. Aber ich erlebe gerade, wie es sich anfühlt, wie ich mich anfühle. Ich liebe es, früh in den Tag zu starten, liebe es, draußen zu sein, mich stundenlang treiben zu lassen, zu bestaunen, beobachten, Zeit zu haben. Habe ich schon immer gerne gemacht, darum bin ich auch viel gereist. Und nun entdecke ich dies wieder.

Ich werde sehr empfindsam und empfänglich. Aber nicht in Zusammenhang mit Negativem, sondern vor allem in Bezug auf die Pracht dieser Welt. Ich streife langsam mein altes Leben ab, Schicht um Schicht, bis nur noch meine Persönlichkeit übrigbleibt, pur.

Allein auf dem Costal Trail auf dem Weg zu mir.

Nach ein paar Tagen in der Stadt zieht es mich raus in die Natur. Ich wandere für fünf Tage der Küste entlang, folge dem California Coastal Trail in den Süden. Die Tagesetappen sind grob geplant, lassen viel Raum. Ich nehme es, wie es kommt. Das bedeutet aber nicht, dass ich in den Tag hineinlebe. Es ist nur so, dass ich gerne spontan entscheide. Dadurch bekomme ich ein Gefühl für das Unterwegssein.

Die Menschen sind offen, neugierig und nehmen schnell Kontakt auf. Oberflächlich werden die Amerikaner oft genannt, aber auf Reisen bleibt oft nicht Zeit für

Faszinierende Ausblicke - Golden Gate Bridge (links), das erwachende San Francisco unten.

Allein mit dem Sonnenaufgang über der Millionenenmetropole - ein wenig Sehnsucht schwingt immer mit auf dieser Reise.

Mutig: Diana macht sich ganz allein auf den Weg entlang der Küste. Mit der Familie telefoniert sie, so oft sie kann. Und alles ist in bester Ordnung. Also genießt sie die Reise zum anderen Ende der Welt.

Ausbeute: die vielen Mitbringsel bedecken das ganze Bett ...

Zeit und ich will noch ein paar Freunde besuchen und einfach auch die Stadt genießen. Tom holt mich mit einem breiten Grinsen im Gesicht in Santa Cruz ab. Für die Fahrt zurück brauchen wir knapp zwei Stunden.

mehr. Ich genieße den Hike sehr, die Strände sind wild und meist verlassen, oftmals geht der Trail durch wunderschöne einsame Naturlandschaften im Hinterland, um dann wieder auf atemberaubende Küstenabschnitte zu treffen. Ich merke bald, dass ein bisschen mehr Planung im Hinblick auf die Lebensmittelbeschaffung durchaus angebracht wäre, da sich die Supermarkets weder im Hinterland noch an den Küsten befinden sondern an dem befahrenen Highway 1 den ich, wo immer möglich, meide.

Was die Übernachtungen betrifft, bin ich wieder unabhängiger. Ich habe Schlafsack und Isomatte dabei, die Temperaturen sind auch in der Nacht, trotz auffrischenden Windes, erträglich und was gibt es schöneres, als unter freiem Himmel zu schlafen?

Frei wie früher, braungebrannt und ein bisschen verwildert.

Nach fünf Tagen bin ich braungebrannt, verschwitzt und sehe langsam ein wenig verwildert aus, aber vor allem bin ich sehr zufrieden und erfüllt und habe mein Bedürfnis nach der Wildnis gedeckt. Schließlich bleibt mir nicht mehr so viel

Natürlich vermisse ich meine Kinder - Kontakt per Handy.

Ja, natürlich vermisse ich meine Familie, aber es ist sehr erträglich. Mit Face Time höre und sehe ich sie jeden Morgen, dann ist bei ihnen schon früher Abend. Das Handy wandert von Hand zu Hand, lautes Kinderlachen, jeder erzählt mir, was er erlebt hat heute, die Bilder wackeln, ich werde weitergereicht, Elia möchte gerne mit Tom sprechen und das Haus von oben bis unten sehen, Davor hat gerade keine Zeit und Drazen, mein Mann, ist sichtlich stolz, alles fest im Griff zu haben. Es sind ausgesprochen fröhliche Unterhaltungen die bei mir ein wohliges Gefühl hinterlassen. Dann kann ich loslassen und mich völlig dem Hier und Jetzt hingeben.

Die Kinder sind trotzdem immer mit dabei. Vieles sehe ich durch ihre Augen, das fantastische Hochhaus, die Brückenkonstruktion, den gigantischen Spielwarenladen oder die futuristische Fähre. Dinge, die ich früher vielleicht überhaupt nicht oder bestimmt anders betrachtet hätte. Sie haben mich geprägt und verändert meine Jungs, und mir gefällt, was sie aus mir gemacht haben. Ich erstehe eine große Tasche, die ich nach und nach mit Kleidern, Souvenirs und allerlei Kuriosem fülle. Nicht für mich, die wertvollsten Erinnerungen trage ich in mir, mehr brauche ich jeweils nicht. Aber für die Kinder und meine große Liebe.

Begegnung mit einem Wolf.

Nach zwei Wochen stehe ich noch einmal früh auf, um den Sonnaufgang auf den Twin Peaks zu erleben und Abschied zu nehmen. Ich stutze, als ich um die große Kurve komme und die Silhouette eines Wolfes in einiger Entfernung sehe. Das Tier bleibt stehen, betrachtet mich neugierig aus sicherer Distanz. Ich bin überrascht, ihn zu sehen, Kojoten gibt es in der Stadt, aber Wölfe eher nicht. Doch das hier ist eindeutig einer. Ich bleibe stehe, beobachte ihn und gehe dann weiter. Was für ein letzter Tag, was für eine symbolische Begegnung.

Sehr zufrieden nach Hause.

Ich bin sehr zufrieden und erfüllt nach Hause zurückgekommen. Es hat sich seither einiges verändert bei uns, die Reise hat bei uns allen etwas ausgelöst. Meine Kinder sind daran gewachsen und es ist ihnen bewusst geworden, dass wir zwar Eltern sind, aber nicht nur. Dass auch wir Träume und Bedürfnisse haben und nicht darauf verzichten wollen und müssen. Und auch wir als Eltern haben dies realisiert und genießen dieses neue Gefühl und die Möglichkeiten, die sich dadurch eröffnen. (Diana R.)

Bella Italia - Gianni lädt an die Adria ein

Das Hotel Acquamarina freut sich auch in diesem Sommer auf Gäste aus Deutschland. Hotelier Gianni spricht sehr gut Deutsch und freut sich immer wieder über Zwillingseltern, die bei ihm Urlaub machen.

Wer ein bezahlbares Reiseziel mit Zwillingen sucht, kann hier günstig an der Adria Urlaub machen. Es gibt auch in diesem Jahr schöne Rabatte für Familien mit Kindern. Mehr Information hier: Hotel Acquamarina, Via Virgilio 106, I-47814 Bellaria - Igea Marina, Telefon 0039-0541-331882, E-mail: info@hotel-acquamarina.it,

www.hotel-acquamarina.it

... ZWILLINGE - *das Magazin*

Folgende Ausgaben unserer neuen Zeitschrift sind jederzeit & immer zu haben unter www.twins.de und auf allen gängigen Internet-Buchbestell-Portalen. Als Buch für 9,90 €, als E-Book für nur 7,99 € (nur bis Ausgabe 17). Von Ausgabe 01 bis inklusive Ausgabe 20 wurde das Magazin unter dem Titel: „Das neue ZWILLINGE Magazin" veröffentlicht. Danach haben wir die Zeitschrift umbenannt, damit sie im Internet besser gefunden wird.

- Das neue ZWILLINGE Magazin - Ausgabe 01: ISBN 978-3-927058-22-4 (print 9,90 €)
- Das neue ZWILLINGE Magazin - Ausgabe 02: ISBN 978-3-927058-25-5 (print 9,90 €)
- Das neue ZWILLINGE Magazin - Ausgabe 03: ISBN 978-3-927058-28-6 (print 9,90 €)
- Das neue ZWILLINGE Magazin - Ausgabe 04: ISBN 978-3-927058-32-3 (print 9,90 €)
- Das neue ZWILLINGE Magazin - Ausgabe 05: ISBN 978-3-927058-36-1 (print 9,90 €)
- Das neue ZWILLINGE Magazin - Ausgabe 06: ISBN 978-3-927058-53-8 (print 9,90 €)
- Das neue ZWILLINGE Magazin - Ausgabe 07: ISBN 978-3-927058-60-6 (print 9,90 €)
- Das neue ZWILLINGE Magazin - Ausgabe 08: ISBN 978-3-927058-65-1 (print 9,90 €)
- Das neue ZWILLINGE Magazin - Ausgabe 09: ISBN 978-3-927058-67-5 (print 9,90 €)
- Das neue ZWILLINGE Magazin - Ausgabe 10: ISBN 978-3-927058-73-6 (print 9,90 €)
- Das neue ZWILLINGE Magazin - Ausgabe 11: ISBN 978-3-927058-79-8 (print 9,90 €)
- Das neue ZWILLINGE Magazin - Ausgabe 12: ausverkauft
- Das neue ZWILLINGE Magazin - Ausgabe 13: ISBN 978-3-927058-84-2 (print 9,90 €)
- Das neue ZWILLINGE Magazin - Ausgabe 14: ISBN 978-3-927058-90-4 (print 9,90 €)
- Das neue ZWILLINGE Magazin - Ausgabe 15: ISBN 978-3-927058-93-4 (print 9,90 €)
- Das neue ZWILLINGE Magazin - Ausgabe 16: ISBN 978-3-927058-95-8 (print 9,90 €)
- Das neue ZWILLINGE Magazin - Ausgabe 17: ISBN 978-3-927058-97-2 (print 9,90 €)
- Das neue ZWILLINGE Magazin - Nr. 18: ISBN 978-3-927058-99-6 (nur print - 7,99 €)
- Das neue ZWILLINGE Magazin - Nr. 19: ISBN 978-3-927058-39-2 (nur print - 7,99 €)
- Das neue ZWILLINGE Magazin - Nr. 20: ISBN 978-3-927058-43-9 (nur print - 7,99 €)
- ZWILLINGE - DAS MAGAZIN - Nr. 21: ISBN 978-3-927058-46-0 (nur print - 7,99 €)
- ZWILLINGE - DAS MAGAZIN - Nr. 22: ISBN 978-3-743141-65-0 (nur print - 7,99 €)
- ZWILLINGE - DAS MAGAZIN - Nr. 23 nicht erschienen
- ZWILLINGE - DAS MAGAZIN - Nr. 24 ISBN 978-3-7431-6633-2 (print 7,99 €)
- ZWILLINGE - DAS MAGAZIN - Nr. 25 ISBN 978-3-7431-7302-6 (print - 7,99 €)
- ZWILLINGE - DAS MAGAZIN - Nr. 26 ISBN 978-3-7448-1375-4 (print - 7,99 €)
- ZWILLINGE - DAS MAGAZIN - Nr. 27 ISBN 978-3-7448-6986-7 (print - 7,99 €)
- ZWILLINGE - DAS MAGAZIN - Nr. 28 ISBN 978-3-7448-9922-2 (print - 7,99 €)
- ZWILLINGE - DAS MAGAZIN - Nr. 29 ISBN 978-3-7460-1535-4 (print - 7,99 €)

**Jedes Magazin (Buch) im Internet oder über www.twins.de
Ausgaben 01 - 17 und ab Ausgabe 24 auch als E-Book auf
Amazon & anderen Portalen für 5,99 €.**

**Nächste Ausgabe: ZWILLINGE - DAS MAGAZIN -
Ausgabe 31 = März/April2018 voraussichtlich ab 26. März 2018*)**

*) da das Heft bei Books on Demand produziert wird, können wir keinen definitiven Termin für das Erscheinen angeben, da wir auf die Produktionszeiten von BoD keinerlei Einfluss haben.

Seit einem Jahr bloggen wir für Zwillingseltern

Als wir unsere bisherige Zeitschrift ZWILLINGE im Januar 2017 einstellen mussten, haben wir mit dem Blog www.zwillingemachenkriegenhaben.de ein neues Informationsmedium geschaffen. Es wird noch zu wenig genutzt.

... vom wunderschönen, täglichen Wahnsinn mit Zwillingen ...

Das Internet hat das geschriebene und gedruckte Wort längst besiegt. Schade. Ich bin eine „Bücherfrau" und mag das Buch oder die Zeitschrift noch in der Hand halten. Aber, auch ich gehe mit der Zeit. Deshalb nehme ich auf Urlaubsreisen meinen „Kindle" mit, um keine schweren Bücher schleppen zu müssen. Und deshalb gibt es seit Anfang Januar auch unser Blog.

Unter dem Namen „Zwillinge machen kriegen haben", der unserem gleichnamigen Comic entlehnt wurde, posten meine Kollegin Melanie (Zwillingsmutter aus Berlin) und ich in schöner Regelmässigkeit aktuelle Beiträge. Wir geben nicht nur Kaufempfehlungen, wir schreiben nicht nur über unsere aktuellen Hefte, sondern stellen auch gern manche Frage von Leserinnen zur Diskussion. Allerdings wird wenig diskutiert - viel zu wenige Leser und Leserinnen beteiligen sich daran. Aber das ist doch genau das, was so ein Blog interessant werden lässt. Nur bei den Verlosungen kommt etwas

mehr Leben in die Bude oder auf das Blog. Wenn dann aber die Adresse mitgeteilt werden soll (per E-mail, natürlich nicht! öffentlich), hört man nichts vom glücklichen Gewinner - jedenfalls von den meisten. Deshalb halte ich auch noch zahlreiche Produkte zurück, die ich eigentlich verlosen könnte.

Also meine Bitte: Beteiligt Euch mehr. Schickt Fragen. Antwortet auf Fragen. Macht das Blog zu einem Informationsmedium für alle Zwillingseltern.

Und freut Euch, dass es 2018 manches tolle Produkt zu gewinnen gibt!

Comic , 9,90 €
- bei uns unter
www.twins.de